藍學堂

學習・奇趣・輕鬆讀

麥肯錫
最強問題解決法

傳說中麥肯錫內部最熱門資料大公開，
7步驟解決人生所有難題

BULLETPROOF
PROBLEM
SOLVING

The One Skill That Changes Everything

麥肯錫資深合夥人
新創企業創辦人
CHARLES CONN
ROBERT McLEAN

查爾斯·康恩
羅伯·麥連恩————著
李芳齡————譯

麥肯錫最強
問題解決法

Contents
目 錄

敏捷、創意地解決問題

文｜多明尼克・巴頓（Dominic Barton）

在麥肯錫，對於一個解決問題者的聲譽而言，最大的恭維莫過於「攻無不克」（bulletproof）（編按：本書原文書名為 Bulletproof Problem Solving）。一個現代顧問公司的運作需要許多技巧及各種智慧，但基礎能力向來是用創意來解決問題。

近年，隨著經濟與技術變化速度加快，以及必須應付的問題的範疇與複雜程度隨之增加，優秀的解決問題能力的重要程度也提高。現在，我們可能受僱去幫助一個國家的公共衛生體系做好應付下一波伊波拉病毒疫情爆發的準備工作，也可能為一家公司的消費性新產品研擬數位行銷策略。更多資料變得可得，思考的素質門檻提高，我們需要攻無不克的解決問題者。

不論你是任職產業界、非營利部門或政府機關，你都無法充分預期到所有的新結構及經營規則變化，做出因應規畫，光是加快與調整傳統領域導向訓練方法也不足以應付。航行於如此詭譎多變的海域，成功的

唯一之道是成為敏捷、有創意的解決問題者。這也是世界經濟論壇（World Economic Forum）把「解決複雜問題」列為 21 世紀的首要技能的原因，各地及各領域的組織在招募人才時，都在尋求這項才能。

令人訝異的是，學校或大學並未教導有條理、全方位解決問題方法，就連許多商學院也沒有開設這項課程。你可以在根本原因分析或現在流行的敏捷團隊與設計思維中看到一些有關解決問題的元素，但不夠深、也不夠廣。本書介紹坊間欠缺的系統性解決問題流程，這是我們在麥肯錫使用多年、且歷經時間驗證的方法。

查爾斯和羅伯在本書中介紹的 7 步驟方法簡單明瞭，淺顯易懂，不需要什麼專才技巧或高明的數學能力——不過作者也會談到，在一些情況下，更精進的分析工具與方法可能會很有助益，以及為何會比你以為的更容易使用。這 7 步驟可以迭代，而且很有彈性，可以快速獲得粗略解答，也可以慢慢地找出精雕細琢的解方。近年來，我們從許多文獻中了解到人們在決策時常犯的偏誤，這 7 步驟方法將展示如何反制這些偏誤。不論是個人生活中的決策，企業及非營利組織遭遇的疑難，抑或是社會面臨最大政策挑戰，幾乎任何類型的問題，都可以用這 7 個步驟來解決。

身為長年熱中跑步運動者，我尤其感興趣於羅伯對「是否接受膝蓋手術」的分析。幫助選民考慮漁業、教育經費複雜政策的簡單明瞭分析，也令我印象深刻。那些有關於事業策略或提高獲利力的案例，自然也是我喜歡閱讀的。雖然，有一些社會與環境問題非常棘手，但哪怕是對抗氣候變遷及肥胖之類難纏的挑戰，這7步驟仍然能夠照亮解決途徑。

再也找不到比查爾斯和羅伯更具資格的作者了。麥肯錫內部有關於解決問題的方法論〈攻無不克的解決問題的 7 個簡易步驟〉（*7 Easy Steps to Bulletproof Problem Solving*），就是由查爾斯撰寫的，當時，我們是麥肯錫多倫多辦事處的年輕顧問，那份文件是最常被引用的麥肯錫內部專業發展報告之一。我認識羅伯超過 35 年，友誼開始於合作的一項專案——如何善用澳洲最大企業執行長的寶貴時間。

任職麥肯錫期間，羅伯和查爾斯與其他同事合作，發展出我們至今仍然使用的多元平衡發展成長策略。他們離開麥肯錫後，我看著他們繼續以創業家身份和非營利組織變革推動者身份，應用他們的解決問題方法。近年間，我親眼目睹查爾斯在羅德信託組織中把這項獨特的心態應用於策略發展與組織轉型之上。

解決問題是 21 世紀必備的核心技能，現在，我們終於有一本把這件事情做對的指南了。

（本文作者為麥肯錫管理顧問公司榮譽退休執行合夥人）

成為新時代渴求的問題解決者

文｜孫憶明

　　麥肯錫公司在管理顧問產業的地位就像台積電在半導體產業一樣，他們不僅是市場龍頭，也創建了許多著名的管理工具和方法論。過去我在麥肯錫工作的經歷，特別是策略性思考以及複雜問題的解決能力，對我後來的事業發展，乃至於現在的培訓教學都有著重大的影響力。

　　很高興看到《麥肯錫最強問題解決法》一書出版，對麥肯錫最引以為傲的「7步驟問題解決」，進行既新穎又精闢的闡述。提供這個世代的優秀人才在面對越來越多複雜和陌生的問題時，更有信心、更有效地解決問題，進而創造價值的絕佳工具。

　　由於兩位作者查爾斯‧康恩（Charles Conn）、羅伯‧麥連恩（Robert McLean）不僅在麥肯錫任職時就有豐富的管理諮詢經驗，離開多年後在非營利組織，也持續推動解決各種複雜問題。他們以這些寶貴經驗打造本書，不只清晰闡釋了「7步驟問題解決」的核心精髓（例如金字塔結構的向下分解和向上綜合、假說驅動和成果導向的思維、基於

事實和關鍵路徑的分析策略等），我認為特別突出的部分還有以下三個方面：

一、多元性：

本書涵蓋了個人、商業、公益、政府、甚至跨國合作，收集超過 30 個有趣案例，充分顯示縝密的問題解決方法、如何能針對各類型問題、高效地找出解方。例如：書中分析地區教育預算的政策案例，展現了做為一個現代公民，如何運用好的問題解決思維，了解和參與制定公共政策。

二、實用性：

本書在解說各個問題解決步驟時，介紹了許多不錯的表格、工具、以及分析方法，而且系統地建議在什麼條件下，該運用什麼樣的方法最合適。例如，對問題所知程度不同時，應該使用哪一種的邏輯樹，或面對不同性質問題時，應該採用什麼樣的「大槍砲分析工具」。這些檢索和建議，讓讀者更容易地在實際的場景下快速應用所學。

三、延展性：

本書由淺入深，以數個多步驟案例，展現了麥肯錫問題解決整合的威力。不論是零售業利潤系統的分析模型建構，或是最後兩章提到面對長期高度不確定、難以定義、或牽涉多個利害關係群體的「棘手問題」時，都有清楚而且完整的範例闡釋。這裡特別適用於一個或多個團體共

謀複雜問題的解決方案，大家運用一致的思維方式，同時相互激盪創意和協作，更有機會獲致較佳的解決成果。

請記得，問題解決法不能只是理解，還需要持續不斷的修練，才能成為本能思維。當你逐漸掌握其中關鍵訣竅時，我相信，你將更有信心地面對任何挑戰，也會更有雄心地為所處的組織和環境，持續提出創新改進方案，發揮更大的影響力，成為這個新時代所需要的優秀問題解決者。

（本文作者為臺灣大學領導學程兼任副教授、前麥肯錫諮詢顧問）

在渾沌世界以「思維」裝備自己

文｜張敏敏

在 2020 年新冠肺炎疫情席捲全球之後，所有人都經歷了一場變動的洗禮。再也沒有藉口無法數位轉型，也得克服因為遠距而產生的溝通問題。更讓人慌張的是，大環境變動太大，做事沒個準頭，政府法令政策一夜急轉彎，全世界的供應鏈、原物料、通路等業者，大家都只能變做邊學。一旦遇到問題，以前的經驗根本派不上用場，因果關係變得如此複雜，這時唯一能依靠的就是「思維」。

這個時代的重點在於——擁有解決複雜問題的能力——而這也是本書最大的特色之一。

《麥肯錫最強問題解決法》透過 7 個步驟、30 個案例，以及超過 90 個思維解析的圖表，將問題分析、問題解決，甚至問題溝通，一氣呵成地，打磨腦中思路，讓你裝備好自己，擁有可以解決複雜問題的能力。

這本書最大的亮點：實際案例將工具拆解。工具的使用則由淺入深，不斷推進。由耳熟能詳的「邏輯樹」發散法，接著再用 2x2 矩陣予

以收斂。由於有工具、有步驟，可以用最大程度地撤除主觀因素，也避免因為直觀而產生偏誤，可以讓問題分析和解法直達核心之處。這樣使用思維工具的方式，也讓整個團隊能根據事實及論點，推演出接下來的做法。使模糊變得具體，讓細微變得巨大。這是此書讓我感到非常驚豔的地方。

這些工具和解法在在顯示了——唯有「思維能力」可以讓你在變動環境中脫困——。

《麥肯錫最強問題解決法》從一開始的「問題定義」到「溝通解決方法」，從 0 到 1 完整地給予讀者架構。書中使用的大步驟，透過個案手把手地示範用法。對於想要鍛鍊智識、想在複雜環境中擁有清晰頭腦、面對問題時不會手忙腳亂的人來說，這本書是鍛鍊思維的教練書同時也是必備的工具書。我在此大力推薦此書給大家。

（本文作者為中華 OGSM 目標管理協會理事長、
暢銷書《OGSM 打造高敏捷團隊》作者）

學習科學化的問題解決方法

文｜趙胤承

在當今競爭激烈的時代，解決問題的能力已成為每個人必備的核心技能。想像一下，做為一位領導者，您會希望團隊成員向您陳述問題與原因卻無法解決；還是他們能進一步提出解決方案並展示出實際成果？答案顯而易見，大多數人會選擇後者。

然而，知道問題解決的重要性並不意味著能輕易培養這項技能。在這種情況下，您會束手無策，還是選擇運用學習提升自己的問題解決能力呢？我在美國研究所就讀的是霍特國際國際商學院（Hult International Business School），MBA 主修就是策略與顧問技術，而教授正是前麥肯錫資深顧問，當時我從教授身上學到很多定義問題的方法，至今仍受用無窮！

《麥肯錫最強問題解決法》這本書的價值在於它所提倡的麥肯錫問題解決法。相較於依賴直覺，這套方法為我們提供了一個更加系統化框架，使問題解決的品質更為穩定。在人工智慧時代的今天，過去依賴直

覺和經驗的方式已經愈來愈不適用，因此學習科學化的問題解決方法成為必然的趨勢。

本書作者康恩和麥連恩都是資深麥肯錫顧問。他們將多年的顧問經驗融入書中，並將解決問題的方法系統化為「定義→分解→排序→計畫→分析→統合→溝通」，不僅提供了詳細的工具包和真實案例分析，還有豐富的實務案例拆解，讓讀者能夠清晰地了解這套方法在實際應用中的操作步驟。

此外，本書中的 30 個案例完整涵蓋了從「問題定義」到最終解決的七個步驟，讓讀者能深入瞭解方法的精髓。為了幫助讀者更好地理解和吸收，書中還提供了許多簡單易懂的圖表，如邏輯樹和 7 步驟思考等。這些圖表不僅有助於讀者在學習過程中建立清晰的思維脈絡，還可以方便讀者根據自己的需求進行修改和應用。

《麥肯錫最強問題解決法》這本書具有很強的實用性，適合各行各業讀者。無論您是學生、職場人士、企業家還是管理者，都能從中受益。閱讀這本書，您將獲得一套實用的問題解決工具和策略，應對日常生活和職場中遇到的挑戰。

不僅如此，眾多知名人士也對這本書給予了高度評價，包括前谷歌董事會主席暨執行長艾力克・施密特（Eric Schmidt）和麥肯錫管理顧問公司榮譽退休執行合夥人多明尼克・巴頓（Dominic Barton）等。他們一致認為，解決問題是 21 世紀的核心技能，而這本書提供了一個可行的指南，讓讀者學會如何應對各種挑戰；而我也堅信，無論您身處哪個行業、無論遇到哪種挑戰，《麥肯錫最強問題解決法》這本書都將成為

您最值得信賴的案頭書之一。希望您能珍惜這本寶典,將其中的知識與方法運用到自己的生活和工作中,成為一位出色的問題解決者,並為自己的未來開創更多可能。

(本文作者著有《拆解問題的技術》一書)

為 21 世紀的挑戰解決問題

　　優秀的解決問題能力，對現今企業及社會的重要性更甚於以往，人類面臨的問題比以往更大、更複雜、變化更快，伴隨技術與商業模式的加速變化，以往為職場而訓練的方法已經過時了。學習如何定義一個問題，創意地把它分解成可應付的多個部分，有條不紊地找出一個解方，已經變成 21 世紀工作者必備的核心技能了，沒有這項技能就跟不上時代的需要。但是學校、大學、企業及組織教導的解決問題技巧卻遠遠不足，我們需要一種新方法。

　　首先，定義何謂「解決問題」：

> 「解決問題（problem solving）」指的是需要做出決策，但複雜性及不確定性導致沒有顯而易見的解答，而牽涉到的後果重大到值得我們花工夫去找出好解答。

我們全都知道，解決問題的工作做得差，可能對企業、社會、人類健康或環境造成嚴重後果。本書介紹一種歷經長期驗證、有條不紊的解決問題方法，從企業策略師到非營利組織的工作者，任何人都可以學習這個方法，成為更優秀的問題解決者。這個名為「麥肯錫最強問題解決法」是我們在麥肯錫管理顧問公司學習及協助發展出來的一個強大框架，這7個步驟流程迄今並未在麥肯錫之外的地方被廣為分享。個人、團隊、主管、政府政策制定者、社會創業家，任何面臨複雜、具有不確定性、且涉及重大後果的問題者，都可以使用這個方法。這個有條不紊地解決問題的方法能幫助你獲得一份好工作，讓你在工作上更有效率，成為更有效能的公民，甚至幫助改善個人生活。這些話聽起來似乎過於美好，但我們知道，這些絕非誇大其辭，我們要介紹的這個方法真的具有此功效。

解決問題的能力

商界與社會的舊秩序被大舉顛覆，開啟了以創意解決問題的新紀元。革命性的網際網路、機器學習、及生物科技發展使得新的事業模式快速地應運而生，在每一個領域威脅現狀，從事商業活動及應付社會與環境挑戰的規則被改寫，在任何領域，追求成功比以往更加需要解決複雜問題的技巧。若你是面臨破壞式競爭的產品經理，你需要一個賽局計畫及動員資源，戰勝競爭，但是，你必須根據一個致勝計畫的假說，佐以支持重要論點的分析，提出具說服力的論述，才能取得資源。若你是

一個非營利組織的團隊領導人，面對的這些社區世世代代處於劣勢，目睹新方案來來去去，若想贏得這個非營利組織董事會的支持，你必須闡述一個把干預行動和結果連結起來的變革理論。

在追求變得更聰慧、敏捷於應付新世界的過程中，許多組織變成解決問題型組織，謀求解決正確的問題，處理問題的根本原因，讓團隊做短期的工作計畫，分派職責與工作時間表，建立當責制。在我們的職涯中，我們目睹組織能力的焦點隨著時代轉變——從「策略」轉向「執行」，再轉向「解決複雜問題」。

1970 年代和 1980 年代，組織高度聚焦於策略發展；1990 年代，組織的焦點轉向執行，包括深度關注如何有成效及有效率地成事，瑞姆·夏藍（Ram Charan）與賴利·包熙迪（Larry Bossidy）的合著《執行力》（Execution）[1]，以及一些探討重新設計事業流程的書籍，例示這個時期的焦點轉變。但是，完全聚焦於執行，是假定策略方向正確，而且能夠調適於新競爭——往往是來自你所屬產業之外的新競爭。不幸的是，企業及組織已經沒辦法再能做出這樣的假說了。

邁入聚焦於解決問題的新時代後，我們預期組織將更關心團隊如何提升解決複雜問題與思辨（critical thinking）的能力——《數學型公司》（The Mathematical Corporation）一書作者稱之為「心智肌力」（mental muscle）。[2] 方程式的另一邊則是在應付快速變化的系統時，機器學習與人工智慧的重要性提高。解決問題時，愈來愈需要利用先進的機器學習來預測消費者行為、疾病、信用風險及其他複雜現象的型態，作者稱為「機器肌力」（machine muscle）。

管理技能的演進

時代	策略	執行	解決複雜問題
期間	1970 年代及 1980 年代	1990 年代至 2015 年	2015 年以後
挑戰	在何處及 如何競爭	達成任務	敏捷且創意 地解決問題

　　為了應付 21 世紀的挑戰，必須結合使用心智肌力與機器肌力。機器學習不僅讓解決問題的人不需做運算的苦差事，也增強了模式辨識（編按：pattern recognition，例如手寫辨識、聲音辨識、人臉辨識等等），幫助組織快速反應外部挑戰。為了實現有成效的人與機器通力合作，21 世紀的組織需要能夠快速學習新技能、有信心地應付新興問題的快手。世界經濟論壇在 2016 年發布的《就業前景報告》（*Future of Jobs Report*）把「解決複雜問題」列為 2020 年時企業最希望員工擁有的 10 項技能之首，下頁是這 10 項技能清單[3]：

　　很顯然，就業市場的成長集中於非例行性工作及認知型工作領域，例行性及勞力工作領域的就業機會減少，非例行性工作與認知能力的交集就是解決複雜問題的中心地帶。不久前，刊登於《麥肯錫季刊》（*McKinsey Quarterly*）的一篇文章指出：「愈來愈多的職務需要員工具備

2020 年職場
最重要的 10 項技能

1. 解決複雜問題
2. 批判性思考能力
3. 創造力
4. 人際管理
5. 與他人協調
6. EQ
7. 判斷與決策
8. 服務導向
9. 協商
10. 認知彈性

更深度的專長、更獨立的判斷力、以及更佳的解決問題技巧。」[4] 我們已經看到，許多組織特別看重分析技巧和解決問題的能力，把它列為招募人才的必要條件。《紐約時報》時事評論家大衛・布魯克斯（David Brooks）甚至更加推進這結論，他說：「不論你是在餐館工作，還是工廠的檢驗員，公司只僱用能夠看出問題、並做出反應的人。」[5]

教育落差

若創意地解決問題是 21 世紀必備的技能，學校及大學在培育這些技能上做得如何呢？答案是「做得不足」。在系統化與宣傳解決問題的

實務經驗方面，教育機構仍處於早期階段。經濟合作發展組織（OECD）教育與技能司司長安德列斯‧施萊徹（Andreas Schleicher）如此解釋培育學生的解決問題能力的必要性：「簡而言之，這世界不再只是獎勵人們的知識，畢竟，谷歌上就能取得種種知識，這世界獎勵的是人們能運用他們的知識，解決問題就是核心重點，也就是一個人用認知流程來理解與解決無法立即明顯看出解方的問題。」[6]

經濟合作發展組織的「國際學生能力評量計畫」（Program for International Student Assessment，簡稱 PISA）在 2012 年開始測驗個人的解決問題能力，並自 2015 年起在評量中加入「協作解決問題力」這個測驗項目。一個有趣的早期發現是，為教育學生成為更優秀的解決問題者時，還涉及了其他能力，而非僅僅是教導他們閱讀、數學及科學能力，創造力、邏輯、與推理等能力是使學生變成更優秀解決問題者的要素，而這正是本書方法的核心。

大學院校現在面臨的挑戰之一是，畢業生必須具備解決問題技巧，以符合職場需求。評估大學教育是否提升了學生的批判性思考能力的方法之一是非營利組織美國教育補助委員會（Council for Aid to Education）發展出來的「大學生學習評量升級版」（Collegiate Learning Assessment plus，簡稱 CLA+）測驗，2017 年《華爾街日報》報導 200 所大學的表現：「參加 CLA+ 測驗的大學當中，多數學生的批判性思考能力有明顯進步」，但是，一些甚受推崇的大學大一生和大四生的測驗分數差距不大。[7]為發展批判性思考與解決問題的能力，有效的大學教育方法包括分析《貝武夫》（*Beowulf*）之類的古詩、教導邏輯結構、安排需要展現

解決問題能力的分組計畫等等。我們從文獻和大學觀察到，大體而言，大學院校愈來愈認知到發展學生解決問題能力的重要性，也期望大學教育能夠提升學生這方面的能力，但還未看到一個共通框架或流程出現。

7 步驟流程

本書的核心是創意地解決問題的 7 步驟，我們稱之為「麥肯錫最強問題解決法」，它始於思考下列重要問題：

一、如何精確定義問題，符合決策者需求？

二、如何分解問題，發展出進一步假說？

三、如何排定「做什麼」及「不做什麼」的優先順序？

四、如何建立一個工作計畫，以及分派分析工作？

五、如何收集事實與分析以解決問題，並同時避免認知偏誤？

六、如何把分析的發現與結果整合起來，凸顯論點？

七、如何以具有說服力的方式溝通它們？

我們將逐一說明這 7 個步驟，並用例子幫助你了解與熟悉。我們將介紹所有分析工具，從捷思法、分析捷徑、粗略計算到賽局理論、迴歸分析、與機器學習之類先進的工具。我們也將說明如何在解決問題的流程中避免常見的認知偏誤。

本書最後兩章討論了當你涉及高度不確定性與互依性，或系統效應顯著時，如何解決問題。我們相信，即使是肥胖及環境惡化之類的社會

7 步驟

定義問題

溝通

分解

統合

排序

分析

計畫

迭代

「棘手問題」都能應付，這類困難問題有多種導因，受到外部性影響，需要改變人們的行為，一些解方可能帶來意外後果。這兩章是為那些應付棘手問題者所寫的，但對商界與社會的重大課題感興趣的人應該會覺得其中的案例讀來趣味盎然。

高風險

優秀的解決問題能力可能拯救生命，改變公司、非營利組織及政府的命運。反過來說，解決問題時犯下的錯誤往往付出高代價，有時可能導致極大傷害，歷史上著名的「挑戰者號」太空梭（Space Shuttle Challenger）

災難就是一例。

「挑戰者號」太空梭災難

1986 年 1 月 28 日,「挑戰者號」太空梭執行第 10 次任務時,於起飛 73 秒後,在佛羅里達州卡納維拉爾角(Cape Canaveral)近海上空爆炸解體,對在地面上觀看的太空人家屬、美國太空總署的航太工程師、任務控制中心工作人員、以及美國太空計畫本身,帶來悲痛與災難般的後果,世界各地在電視機前目睹悲劇發生的人們,只能想像這事件帶來的恐怖與創痛。挑戰者號爆炸的原因是,用以密封固體推進器以防止熱氣外洩的橡膠 O 形環失效,這是負責調查事故的羅傑斯委員會(Rogers Commission)和物理學家理查·費曼(Richard Feynman)得出的結論。

多年來,已有無數的研究探討挑戰者號事故,它與本書有切題關連性,因為不僅僅肇因於 O 形環失效,也是失敗的解決問題案例,這是鮮少人了解的層面。O 形環失效是大自然所導致──挑戰者號太空梭發射當天,佛羅里達州出現很不尋常的低溫,比以往發射紀錄的最低氣溫華氏 53 度還低了華氏 21 度,在如此低的氣溫下,導致橡膠失去彈力,無法膨脹以便密封固體推進器。

這個錯誤來自於對 O 形環失效和發射時低氣溫之間關連性的不完善、嚴重瑕疵的分析。唯有詳細檢視成功發射和不成功發射的全部資料集後,才能清楚看出在如此低溫下發射的失敗風險有多高;太空總署評估的失敗率為十萬分之一,費曼評估的風險為百分之一,在更近期的重新分析中,使用貝氏理論的研究人員指出,在當時的低溫下發射太空梭,百分之百注定失敗。本書將在第 6 章更詳細討論「挑戰者號」這個案例。

陷阱與常見錯誤

看別人敘述解決問題的方法時,總是聽到他們自我感覺良好的某個

步驟。有些人自信地認為對問題的定義相當 S.M.A.R.T.——明確（Specific）、可衡量（Measurable）、可行動（Actionable）、相關（Relevant）、有時間範圍（Time frame）；有些人引用歸納邏輯和演繹邏輯知識；有些人指出他們的工作計畫對團隊流程賦予當責；許多人自認有收集事實與做分析的能力；一些人提到金字塔原則，撰寫有說服力與支配性思維的文件。但少有人說他們做了上述所有事，再加上分解問題及應付認知偏誤。為了優秀地解決問題，你必須完成這些所有步驟，這也是 7 步驟流程如此給力並且獨特的原因。

　　儘管大學、企業及非營利組織愈來愈重視解決問題的能力，但我們發現，大家普遍不清楚何謂「優秀地解決問題」，以下是陷阱和常犯的錯誤：

一、薄弱的問題敘述：太多的問題敘述不明確，沒有釐清決策者的標準與限制，未指出解決問題時將發生的行動，或是未指出解決問題的時間範圍或需要的準確度。在問題敘述仍然含糊不清之下，就急於進入分析階段，往往浪費時間與挫敗。

二、斷言解答：這種斷言通常是基於經驗（「我以前見過這種情況」），沒有檢驗此解方是否真的合適眼前問題。可得性偏誤（availability bias，只根據手邊的事實）、錨定偏誤（anchoring bias，選擇你已經看到的一個數值範圍）、或確認偏誤（confirmation bias，只看那些與成見吻合的資料）往往導致這樣的解答。

三、沒有分解問題：根據經驗，很少問題可以在未經分解為多個部

分之下就被解決。有個團隊研究雪梨的哮喘問題，直到他們根據發生率及嚴重程度來區分後，才得出對問題的重要洞察。西雪梨的哮喘發生率只比北雪梨高出 10%，但死亡及住院率卻高出 54% 至 65%，這支團隊熟知有關於哮喘和社會經濟地位及林木覆蓋面積之間關連的研究，西雪梨的社會經濟地位明顯較低，林木覆蓋面積僅為北雪梨的一半，每日的最大懸浮微粒值（PM 2.5）比北雪梨高出 50%。找到分解問題的正確剖析點後，這團隊得以聚焦於問題關鍵，這使他們提出一個創新方法，以大自然做解方——例如，增加林木覆蓋面積以吸收懸浮微粒，解決呼吸道健康問題。

四、忽視團隊結構與準則：我們在麥肯錫及其他組織的經驗凸顯下列要素的重要性：團隊成員經驗與觀點多樣性；團隊成員抱持開放心態；成員互競或通力合作的團體動力；透過訓練及團隊流程來減輕認知偏誤的影響程度。近期的研究已經證實了這些特質的重要性[8]，另外，在一項調查中，主管把減輕決策過程中的偏誤列為改善表現的首要項目[9]。舉例而言，本書作者羅伯輔導的食品公司想退出一個虧損事業，在這個事業虧損了 1.25 億美元時，他們有機會賣掉這個事業來止損，但是他們不願意這樣做，他們只接受能夠彌補帳面價值（原始成本）的出價。這種想避免損失的心態是「沉沒成本謬誤」（sunk cost fallacy），幾年後，當他們終於退出時，虧損已經高達 5 億美元！一群有著相似背景的經理人的團體盲思（groupthink），以

及傳統的層級制度，導致他們看不到別的選擇，這是商界常見的問題。

五、不夠完善的分析工具：一些問題可以用粗略計算來解決，其他問題則需要時間和更精進的方法。舉例而言，有時候，再多的迴歸分析也無法取代一個設計得宜的真實世界實驗，控制變數，檢視一個反事實的假說。有時候，分析失誤是因為團隊沒有使用正確的工具。我們常看到競標資產時出價過高的情形，因為團隊使用以往的獲利乘數，而非使用未來現金流量的折現值。我們也見過沒有衡量未來開發案的選擇權及放棄選擇權（類似於金融選擇權的概念）的價值，導致競標資產時出價過低的情形。第 8 章將討論澳洲資源公司必和必拓集團（BHP）如何解決這類問題。

六、未能把結論和類故事情節連結起來：分析導向的團隊常在完成分析後說：「我們做完了」，沒有思考如何綜合複雜概念，並向多樣化聽眾溝通。舉例而言，生態學家指出大自然及城市綠地對人類有益，但是，這類訊息往往迷失於他們以術語講述的種種生態系服務——例如，蜜蜂在授粉方面扮演的重要角色，樹木有助於吸收懸浮微粒，集水區對於提供飲用水很重要？以空氣污染為例，若講述的故事關連到哮喘及心血管疾病的呼吸道健康時，就會變得更具說服力。[10] 在此例中，建立一個與健康相關而且具說服力的故事情節，將更能吸引聽眾，促成行動。

七、把解決問題視為一次性，而非重複出現：一勞永逸地完全解決

的問題很少見，通常需要在假說、分析、與結論之間來來回回，每一次都加深了解。本書的例子將讓你看出，隨著對問題的了解有所改變，進行二或三回合的問題樹／邏輯樹（logic tree）迭代是值得的。

本書內容

這是一本介紹方法論的書，我們用 30 個真實案例子來示範說明，使用高度視覺化的邏輯樹方法，內含超過 90 張圖表。這些內容取自我們的經驗，以及一群牛津大學羅德學者（Rhodes Scholars）的暑期密集研究。這些真實案例包羅萬象，例如舊金山護理師人力供給、一家澳洲礦業公司的資本投資決策、在印度減少愛滋病毒的傳播、倫敦的空氣汙染與公共衛生、住家裝修建材零售業的競爭情勢、氣候變遷問題等等。案例中的洞見相當新穎，其他案例則是產生反直覺的洞見。這些解答創造了龐大金額的價值，拯救無數生命，改善了鮭魚瀕危物種的未來。

若你想成為更好的解決問題者，我們教你只需要適量的架構及數值分析能力就能做到這點。許多人往往在欠缺適當考慮之下做出影響一生的決策，例如選擇職業、選擇居住地、儲蓄計畫、選擇性手術，本書也提供類似例子，讓你看出有條理的處理流程可以如何幫助改善人生重要決策。

身為公民，我們想更清楚地了解社會、國家或這世界的重要問題，並為解方做出貢獻。很多人可能會這麼說：「這個問題太複雜或太政治

本書的解決問題案例

個人

* 我該在我家屋頂上安裝太陽能板嗎？
* 我該支持學校公債嗎？
* 我該選擇居住於何處？
* 居住地會影響我的健康嗎？
* 我該接受膝關節鏡手術嗎？

* 如何評斷歷史上的爭議性人物？
* 我的積蓄夠支應下半場人生嗎？
* 我該選擇什麼職業？
* 打網球時，該把球發至何處？

組織

* Truckgear 公司的訂價決策
* 家得寶（Home Depot）vs.
  好新閣（Hechinger）競爭分析
* 用無人機拯救生命／用機器學習來發現鯊魚
* 機場的容量
* 嬌生公司〔Johnson & Johnson〕的成長策略
* 無人機公司的成長階梯
* 我們應該打官司捍衛智慧財產權嗎？
* 礦產探勘的偏誤

* 用機器學習來預測睡眠呼吸中止症
* 用機器學習來規畫巴士路線
* 在醫院心臟病發作的風險評估
* 煉油廠策略溝通
* 美商藝電（Electronic Arts）的
  A ／ B 測試
* 組織的眾包問題
* 在舊金山供應優質護理師
* 如何長期資源投資？
* 找出市場佔有率流失的根本原因

公民／政策

* 保護太平洋西北地區的鮭魚
* 印度的愛滋病毒傳染問題
* 如何應付氣候變遷問題？

* 肥胖問題能夠減輕嗎？
* 找出「挑戰者號」太空梭災難的原因
* 如何減輕過度漁捕問題？

了，我無法表達觀點」，我們希望改變你的想法。氣候變遷、肥胖、減輕傳染病的散播、保護物種，這些是現今地球上最嚴重的問題，本書也展示了如何以社會規模的層級來處理。

對於大學生及從事分析工作者，我們希望本書成為你的重要資源，希望這套全方位工具與方法能幫助你成為更好的解決問題者，並且一再使用它們。對於經理人，希望本書能幫助你評估競爭者的表現，決定在何處及如何競爭，研擬出在不確定且複雜的環境下經營事業的策略。

我們撰寫此書的目的很簡單：幫助讀者在生活的所有層面中成為更好的解決問題者。你不需要接受研究所的訓練，才能成為有成效的解決問題者，但你需要使用一個有條理的流程，發展出論點，並且能夠測試、檢驗及學習這個框架。諾貝爾經濟學獎得主赫柏・西蒙（Herbert Simon）曾說：「**解決一個問題就是把它呈現得讓答案變得很明顯**」[11]，這句話貼切地總結了本書主旨。

第 1 章

什麼是麥肯錫最強問題解決法

7 步驟

定義問題

分解

排序

計畫

分析

統合

溝通

迭代

1980 年代是本書作者查爾斯讀商學院時期，他想更加了解當時興盛的日本企業實務，於是寫了數十封信尋求日本公司提供暑期實習生工作機會，但絕大多數公司沒有回覆。就在他認為暑假可能失業之際，收到佳能公司（Canon）內海博士的來信，佳能公司打算僱用查爾斯為公司有史以來第一位西方人實習生。查爾斯很快就收拾包袱飛往日本。

　　這聽起來像有趣的冒險，確實是，但也是人生一大衝擊。查爾斯被派至位於東京偏遠市郊的市場規畫部門，居住在佳能公司的男性員工宿舍，上班得花 90 分鐘搭三條地鐵線。查爾斯不會說讀日語，公司派給他的工作乍看之下是個不可能的任務：建立一個為工廠選址的模型。這真是讓查爾斯恐慌到不行，他怎麼知道把工廠設在哪裡呢？這看起來是專家才能應付的問題嘛。

　　不過，在一名翻譯同仁的協助下，查爾斯開始訪談團隊，聽取他們世界各地工廠選址的經驗。這些訪談開始浮現一些樣貌，他了解到工廠選址決策涉及到哪些變數，包括地方政府當局提供的獎勵優惠措施、地方稅率、工資水準、材料運輸成本等等，並進一步了解哪些變數的重要性較高或較低。查爾斯建立一幅邏輯樹，呈現這些變數、每個變數造成的影響方向，以及每個變數的權值（影響程度）。他用以往的工廠選址決策資料來測試此模型，並與資深團隊一起調整，提高模型的準確度。最終，這個小模型變成此部門在做出複雜的工廠選址決策時使用的核心工具！用這一頁呈現的模型，就能看出以往深埋於厚重報告的複雜權衡取捨，這個模型使得選址標準的邏輯一目瞭然，各個變數的權值則是開放給大家討論後再做出決定。

原本可能是災難一場的暑期實習工作，最終順利圓滿，但更重要的是，這經驗使查爾斯深切認知到，在解決問題與做出決策運用簡單邏輯架構與流程的功效。這是本書的核心焦點。

　　解決問題之於每個人有不同的含義。本書作者羅伯問 7 歲孫女在學校表現得如何，她回答：「爺爺，我很會解答問題」，聽到這個，羅伯當然是很開心啦！當然，她的意思是，在學校裡她很擅長解答數學與邏輯問題。不幸的是，學校裡極少把解決問題的基礎教導成有條理的流程，以及如何運用有條理的流程來應付日常生活中的重要問題。在我們看來，解決問題是對生活、職場及政策中遭遇的複雜挑戰做出更好的決策流程。

　　本書介紹的「麥肯錫最強問題解決法」，其神奇處在於**遵循相同的條理流程，幾乎可以解決各種問題**——從線性問題，到涉及複雜互依關係的問題。這流程用簡單、但嚴謹的方法來定義問題，把問題分解成可解決的多個部分，運用好的分析工具來分析最重要的部分，把分析得出的發現綜合成為一個具有說服力的故事。雖然，這個流程有起點與終點，我們鼓勵你把解決問題視為一個迭代過程，而非一個線性過程，在每一個迭代階段，我們對問題獲得更好的了解，並且使用更好的洞見來修正先前的解答。

　　本章概述「麥肯錫最強問題解決法流程」，介紹這 7 個步驟，後面各章將更詳盡說明每個步驟。我們將示範如何使用邏輯樹來浮現問題的結構並聚焦於解決途徑。我們會提供幾個案例幫助讀者進入狀況。本書最後幾章也將介紹用在更複雜和涉及高度不確定性的先進工具與方法。

麥肯錫最強問題解決流程

　　麥肯錫最強問題解決流程既是一個有起點與終點的完整流程，也是一個迭代的循環流程。這個循環流程可以根據手邊資訊，在任何時間範圍內完成，在達到一個初步終點後，你可以重複此流程，得到更多洞見，有更深入的了解。

　　我們常使用以下這個表達——「一日解答（one-day answers）是什麼？」，這指的是，在計畫的任何一個時間點，我們請團隊總結出，截至目前為止對問題的最佳了解和一條解決路徑。這種提出主動假說的流程是麥肯錫最強問題解決法的核心，它可以幫助你應付可怕的「電梯考驗」。很多人都遭遇過所謂的「電梯考驗」——身為資淺人員的你在電梯裡遇見高階主管，他問：「你的計畫做得如何啊？」，你很驚慌，腦中一片空白，結結巴巴地回答得一團糟。下文介紹的解決問題流程能幫助你應付這種情況，把「電梯考驗」轉化成一個升遷機會。

　　我們敘述的解決問題流程可以獨自做，也可以和團隊一起做，若你獨自處理一個問題，建議你找家人或同事幫你檢視流程，提高客觀性，反制認知偏誤，這是團隊一起做流程的益處。

　　7 步驟流程如圖 1-1 所示。

圖 1-1　麥肯錫最強問題解決法流程

7 步驟

定義問題

分解

排序

計畫

分析

統合

溝通

迭代

步驟 1：定義問題

定義問題

?

若未充分說明一問題的背景脈絡與範圍界限，將有很大的犯錯空間。此流程的第一個步驟是得出決策參與者贊同的問題定義。用以下標準來檢驗問題的定義是否適當：定義明確，不籠統；能夠清楚地衡量成功與否；定義有時間範圍，符合決策者的價值觀；涉及明確行動。這個步驟可能顯得綁手綁腳，但它能釐清目的，這是優秀地解決問題的要素。

步驟 2：分解問題

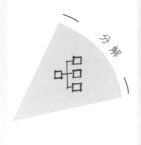

定義問題之後，接下來必須把問題分解成多個部分或多個課題。使用各種邏輯樹，簡要熟練地把問題分解成多個部分，以進行分析，從各種假說推演出解答。分解問題是一門藝術，也是一門科學，要顯現它們的斷層線（fault lines），以得出更好的解方。在這個階段，來自經濟學及科學的理論框架提供有用的指引，幫助了解問題解方的背後動因。分解問題時，通常會嘗試幾種不同的切割法，看看哪種切割法能產生最好的洞見。

步驟 3：排序，修剪邏輯樹

第3步是辨識邏輯樹的哪些樹枝對問題有最大的影響，包括你最能影響的部分，把初始注意力聚焦於這些。使用簡單的 2×2 矩陣來修剪邏輯樹，決定優先順序，這矩陣的兩個構成元素分別是每個槓桿（手段）產生的影響大小，以及移動槓桿的能力。這個排序分析幫助我們找出有效率地解答問題、並且對團隊的時間與資源做出最佳利用的關鍵路徑（critical path）。

步驟 4：建立一個工作計畫與時間表

分解並定義問題的各個部分，並且排序，接下來，必須把每個部分連結至一個收集事實與進行分析的工作計畫，工作計畫與時間表分派團隊成員去做明訂結果與完成日期的分析工作。本書將向你展示建立工作計畫，以快速且正確地找出解方的最佳實務。一個優良的工作規畫流程也包含建立團隊模式——產生多樣觀點，使用專家、角色扮演、扁平化團隊層級結構，以便得出更好的解答。優良的團隊模式與流程有助於避開常見陷阱和做出決策時的偏誤，包括確認偏誤、沉沒成本謬誤、錨定偏誤。

步驟5：進行重要分析

收集資料與進行分析通常是流程中最大的步驟。為了速度與簡明扼要，我們首先用簡單的捷思法（heuristics）——捷徑或經驗法則，快速地對問題的每個部分獲得大致了解，評估優先順序。這幫助我們了解需要在哪些部分做更多工作，尤其是何時及何處需要使用更複雜的分析方法，包括賽局理論、迴歸分析、蒙地卡羅模擬（Monte Carlo simulation）、機器學習。別擔心，鮮少需要用到複雜的方法，當需要用到時，新的線上分析工具比你想像得更容易使用。為了讓團隊保持在關鍵路徑上，我們經常使用「一日解答」來表達對於情況、觀察及初步結論的最佳了解，並且舉行團隊檢討會議，對這些假說進行壓力測試。

步驟6：把分析獲得的發現統合起來

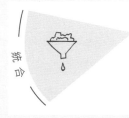

從個別分析得出結論後，解決問題的流程並未結束，必須把分析獲得的發現組合成一個邏輯結構，檢驗有效性，再以能夠說服他人已經得出一個好解方把這些發現統合起來。在這個階段中，優良的團隊流程也很重要。

步驟7：有說服力的溝通

最後一個步驟是用結論發展出一個故事情節，與先前的問題陳述及定義的課題連結。有說服力的溝通將使用前面階段的「情況——觀察——結論」邏輯的支配性思維或論述，用你的綜合發現來支撐，並彙總成遵循歸納邏輯或演繹邏輯的構成論點。視聽眾的感受而定，溝通的開頭可能是講述行動步驟，或是提出一連串激發行動的疑問。

為紛至沓來的邏輯樹做準備

我們使用邏輯樹／問題樹來視覺化與分解問題，我們使用多種邏輯樹，包括假說樹和決策樹，你將在本書案例中看到。我們在麥肯錫任職時學到邏輯樹的功效，並且持續發現，它們是優秀的解決問題流程不可或缺的工具，為什麼？因為它們有下列益處：

- 以清晰的視覺化呈現問題，讓每個人了解問題的構成；
- 做得正確的話，邏輯樹能呈現完整性——所有相關重要的東西都呈現在邏輯樹中；
- 能產生可用資料與分析來檢驗是否正確的清楚假說。

我們使用的邏輯樹有時相當簡單，有時很複雜，但它們全都畫在一個畫板或白板上。

從案例開始

為了示範說明「麥肯錫最強問題解決流程」，我們挑選了一些案例，它們代表許多人遇到的問題類型，從這些案例可以看出這個解決問題流程的功效：

一、雪梨機場的容量足夠應付未來的需求嗎？
二、我該在屋頂上安裝太陽能板嗎？
三、我該搬家到何處？

四、一家新創公司應該提高產品訂價嗎？

五、我應該支持鎮上的中小學教育稅嗎？

　　這些相當簡單的案例將概述 7 步驟流程的每一步，但聚焦於使用邏輯樹呈現問題，把問題分解成可應付的部分。後面各章將逐一更詳細地說明其他步驟，以及示範如何用這些流程來解決更複雜的問題。

案例 1：雪梨機場的容量足夠嗎？

　　作者羅伯擔任澳洲及紐西蘭麥肯錫分公司招募人才的主管合夥人時，麥肯錫決定改變招募企管碩士的傳統做法，嘗試引進聰明的物理學家、科學家、律師、工程師及文科畢業生。面試時討論商業案例，將不利於許多非商科背景出身的應徵者，因此羅伯的招募團隊提出一個非商業案例，稱之為「雪梨機場案例」。這個案例相當簡單，也是展示 7 步驟方法的好例子。

　　所有應徵者飛至雪梨機場，看到報紙上討論是否需要興建另一座機場。雪梨機場擁有世上最繁忙十條航線其中兩條，因此，這是一個真實世界的例子。面試時，我們向應徵者提出一個簡單的問題定義（步驟 1：問題定義）：「雪梨機場的容量在未來足夠使用嗎？」，並詢問他們如何思考這個問題。這個問題以旅客機場容量為界限，因此，應徵者不需考慮可能支持興建第二座機場的政策因素，例如提高可取得性、安全性、環境因素（例如噪音），甚至也不須考慮其他選擇，例如連結大城市的

高速地鐵。如後文所述，一開始就對問題定義的範圍達成一致意見，這點很重要。

通常，應徵者會提出一、兩個疑問，進一步釐清，然後才著手概述處理這個問題的方法。招募團隊的目的是什麼呢？他們想看看應徵者是否使用邏輯架構來幫助解決問題。以書寫形式呈現的各部分更加容易，因此我們鼓勵應徵者使用白板或活頁紙。通常，正確地分解問題是一種摸索過程，這是步驟 2（分解問題），圖 1-2 是簡單的第一個分解。

在此案例中，分解問題的最簡單可能方法是把機場容量定義為降落帶的供給減需求。你可以使用更複雜的邏輯樹，把前來雪梨的其他交通途徑包含在內（若你能展示其他交通工具如何影響雪梨機場的需求，可能會加分），但這個簡單案例大概不需要這麼做。

優秀的應徵者會進一步分解，圖 1-3 展示定義機場供給容量（跑道數量、每條跑道容量、跑道利用率）及需求（雪梨的區域性市場需求佔有率）的一種方法，短期間，跑道數量固定，因此跑道容量（主要取決

圖 1-2：雪梨機場案例──第一個分解

圖 1-3　雪梨機場案例──第二個分解

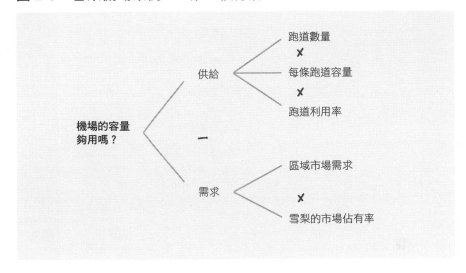

於飛機類型）也是固定的。

　　通常，應徵者在解釋他們評估需求成長的方法，會做出有關於 GDP 成長率、燃料成本、以及雪梨相對於其他目的地的吸引力等等假設。

　　但解決這個問題的最有力方法是深入探索跑道利用率，因為這是運輸規畫師能夠主動管理的少數變數之一。跑道利用率取決於機場營運時數、飛機起降的間隔時間以及每架飛機載客數（參見圖 1-4），機場營運時數受限於宵禁時段、天氣及維修，思考可以如何更動這些，是第 4 步驟（工作計畫）及第 5 步驟（分析）的核心。

　　羅伯最想看到的解答是應徵者說類似這樣的話：

　　　跑道利用率是關鍵，因此，我會檢視機場營運時數、每小時

圖 1-4　雪梨機場案例——第三個分解

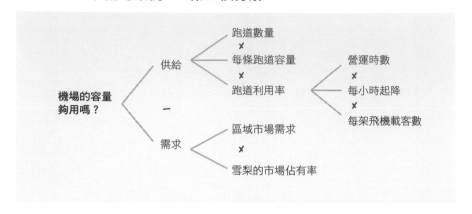

起降飛機數、以及每架飛機載客數。我們大概無法對營運時數做出什麼改變，因為有子夜到早上 6 點的宵禁時段限制，還要考慮到附近居民。至於每小時起降的飛機數量，這是跑道利用率的重要變數，我想看看是否能在安全的前提下，進一步縮減班機起飛降落的間隔時間。第三個因素是每架飛機載客數，這可以透過對較大型飛機有利的起降時段訂價，以及調整輕型飛機使用尖峰時段的政策來提高（步驟 6 與步驟 7：整合及說故事溝通）。

　　優秀的應徵者可能也會建議提高價格以抑制需求，這是機場容量管理的工具之一，不過這可能導致雪梨機場的市場佔有率流失，城市經濟規畫師可能不願採行這個方法。

　　這種簡單邏輯樹的分枝在數學上具完備性，因此可以藉由修改規畫

師能影響的變數，模擬簡單情境，展示不同的選擇項。出色的應徵者可能會展示提高 20% 載客數或使用較大型飛機所產生的影響。

實際上，雪梨機場做出了什麼改變呢？幾年後，該機場增設第三條跑道，藉由處理此案例中找出的關鍵變數，應付運輸量顯著成長所帶來的影響。儘管這座機場的營運當局反對，雪梨仍然決定在未來 10 年建成第二座機場。

案例 2：羅伯該在屋頂安裝太陽能板嗎？

幾年前，羅伯思考，或許該在澳洲鄉間自家屋頂上安裝太陽能板的時候了。他和太太寶拉想減少碳足跡已有一段時間，但電力公司已經廢除安裝太陽能板的補助、安裝太陽能板的成本降低趨勢、以及未來電力回購電價格水準（feed-in tariff，電力公司購買你家過剩發電量的價格）

等因素考量下，遲遲未能做出決定。而現在是否為適當時機呢？羅伯決定使用在麥肯錫學到的方法，並從下面這個假說起步：「我們應該現在安裝太陽能板」。他還未得出結論，也不想在沒有檢視事實之下就確定這項假說，他用這項假說來引導出反對或支持的論點。

羅伯認為，若下列條件全都成立，就能支持這個假說：

- 若投資的回收誘人——例如，可以在 10 年內回收的話。
- 若太陽能板的成本降低速度變慢，使得他不應再等待到投資成本顯著更低的日後。羅伯認為，若太陽能板的成本繼續降低，在 3 年後變得更便宜，他就會考慮再等等。
- 若太陽能板可以使羅伯的二氧化碳足跡顯著減少——意指減少 10% 或更多的話（除了必須做的航空旅行，而且可以用別的方式來抵消這部分的碳足跡）。

羅伯知道，用清楚的界限來限制問題範圍，可以更準確且快速地解決問題（步驟 1）。

這種問題，乍聽之下似乎很複雜，涉及一堆不熟悉的名詞，例如回購電價、避免碳排。邏輯樹幫助羅伯只用一張圖表看出他的問題結構，幫他把問題及分析分解成可應付的部分。他先列出必須解決問題的理由及論點，你也可以這麼想——若要羅伯堅定地解答這問題，需要相信什麼？什麼重要論點會支持他現在安裝太陽能板？圖 1-5 是羅伯的邏輯樹的第一個分解（步驟 2 及步驟 4）。

羅伯要處理的第一階段是投資回收，因為若經濟上行不通，就沒必

圖 1-5　安裝太陽能板的邏輯樹──第一個分解

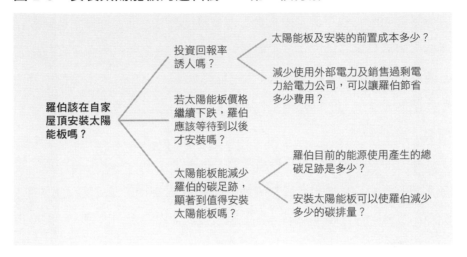

要回答另外兩個疑問了。投資回收率的計算相當簡單明瞭：〔**太陽能板及逆變器的安裝成本**〕除以〔**每年節省下來的電力成本**〕，在此計算中，分母包含估計安裝了太陽能板後的外部電力費用淨節省，加上把過剩電力賣給電力公司而賺取的所得。一旦你知道系統規模、屋頂方位、太陽能電位以及發電效率，你可以使用太陽能板安裝廠商提供的線上計算機來執行。為了簡化分析，羅伯忽略電池儲存選項（這些會增加成本，但提供取代尖峰時段電費的機會）。估計一年成本節省 1,500 美元，投資成本 6,000 美元，大約 4 年可回收，整個投資回收是誘人的（步驟 5）。

　　下一個疑問是，羅伯是否應該「現在」做出此投資或持續等下去，期望太陽能板成本將繼續顯著降低。羅伯知道，2012 年至 2016 年之

間，一瓦特光伏發電成本降低了近 30%，比早期的太陽能光伏發電成本降低了近 90%，他不確定未來是否會持續這趨勢。他上網做了些研究，得知太陽能發電設備成本是否繼續降低仍屬未定之數，但至少在接下來 3 年間，每瓦特光伏發電成本不太可能降低超過 30%。未來鼓勵銷售過剩太陽能光伏電力的回購價格也不確定，這部分必須考慮到電力的零售價格上漲。

在一年成本節省 1,500 美元之下，若再等 3 年，成本節省的損失將是 4,500 美元，因此，安裝太陽能板的前置成本得降低 75%（4,500／6,000 = 75%），才值得繼續等待。羅伯可以使用考慮到金錢的時間價值的淨現值分析，而不是這種簡單的投資回收計算，但在這個例子中，使用簡單方法就夠了，他覺得，在年報酬率 25%（1,500／6,000 = 25%）、4 年就可回收之下，值得現在就做。

最後，羅伯想了解，這麼做可以使他的二氧化碳足跡減少多少。這取決於兩件事：第一，他用太陽能發電取代什麼燃料（在此案例中，被取代的是煤或天然氣）；第二，他家的太陽能發電設備產生的電力度數與使用的電力度數相比較（這在第一個步驟時，他就已經知道了）。羅伯簡化分析，他檢視澳洲平均每個公民的碳足跡，發現他的太陽能發電計畫可以使他的碳足跡減少超過 20%。由於這個案例中的投資回收很明顯，羅伯其實可以在邏輯樹中裁剪掉這枝樹枝（步驟 3），節省時間，但他和寶拉的這項投資有多重目的。

做這種分析時，值得思考一下可能出錯之處，每一個部分的思考涉及了什麼風險？在這個案例中，電力公司對安裝太陽能板的補助可能減

少，羅伯趕快採取行動可以降低這部分的風險。電力公司也可能降低回購電價（事實上，這在後來的確發生了），但在 4 年就能投資回收，這部分的曝險算是有限。

圖 1-6 顯示了羅伯的分析結果，這是比較複雜的邏輯樹。

只需要上網做點研究，羅伯就能破解一個比較複雜的問題，得出結論：他應該「現在」就安裝太陽能板。原因是投資回收相當誘人，等到日後才安裝的成本可能降低不足以抵消他現在能獲得的節省，還有一個額外的好處：羅伯和寶拉可以把他們的碳足跡減少近 30%（步驟 6 與步驟 7）。

得出這個好結果的核心在於思考正確的疑問，把問題分解成簡單明瞭的幾個部分。

案例 3：我該搬家搬到何處？

2000 年代初期，本書作者查爾斯居住於洛杉磯，賣掉他共同創辦的公司後，他和家人想搬遷至從事休閒活動和小孩就讀好學校的小城鎮環境。他們喜歡造訪過的滑雪小鎮，他們向來也喜歡大學城，但該如何選擇呢？這其中牽涉的變數太多了，而且只憑藉短暫造訪的印象也容易犯錯。查爾斯想起在日本佳能公司時處理的工廠選址問題，決定用相同方法來思考。

包括孩子在內，全家參與解決問題的腦力激盪，首先列出對每個人而言重要的考量，也就是說，以個人因素來定義何謂「好的居住地」。

圖 1-6　該不該現在安裝太陽能板？──分解問題

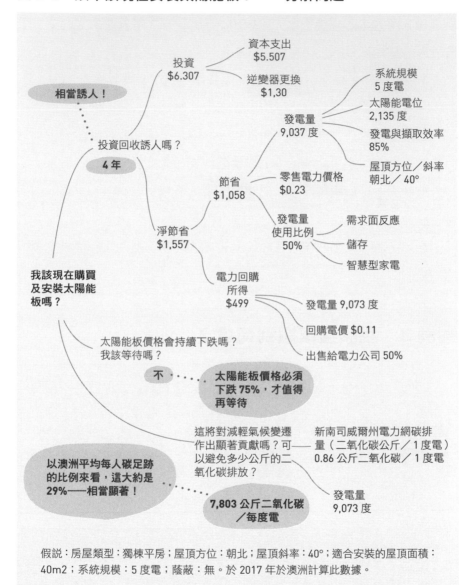

假說：房屋類型：獨棟平房；屋頂方位：朝北；屋頂斜率：40°；適合安裝的屋頂面積：40m2；系統規模：5 度電；蔭蔽：無。於 2017 年於澳洲計算此數據。

全家首先贊同「好學校」是要素，接著是「自然環境與休閒活動」，最後是「愜意的城鎮生活體驗」。查爾斯再加上一個考量因素：能夠「賺取收入」。如圖 1-7 所示，這些是經過所有人熱烈辯論後得出的考量清單（步驟 1），他們打算用這項清單來找出一些候選城鎮，利用家庭渡假時間去造訪。

圖 1-7　全家腦力激盪——遷居何處？

好生活的要素	構成元素
很好的學校	優秀的教師 小班制 良好的納稅人支持教育 學校選擇：公立、私立、特許／實驗學校 畢業生能進入優秀的大學院校
乾淨環境， 能從事很多戶外活動	高品質的用水及空氣 四季分明的氣候 很多晴天，但雨量充足 有能夠釣魚的河流 附近有很棒的健行地點 滑雪及騎越野單車
愜意、友善的城鎮	有能夠步行的市中心 藝術、戲院、圖書館 交通不會太繁雜 有趣的咖啡店及好餐館 有親友居住當地嗎？ 是個大學城嗎？ 有犯罪問題嗎？
能夠賺錢維生嗎？	有趣的小型公司 多樣化的地方經濟 不要距離查爾斯的西岸工作地點太遠

查爾斯處理步驟如下：首先把問題分解成家人重視的要素，接著辨識子要素，最後是每個子要素的衡量指標或變數，例如氣候變數的晴天天數或舒適指數（以氣溫及溼度來定義）這是步驟 4。這得花點工夫，但他發現大部分資料都可以在網路上找到。他根據家人的意見，對每個變數給予一個相對權值，反映每個要素在最終決策中的重要程度。

他建立了一個有 20 個變數的邏輯樹，並收集了十多個城鎮的資料（步驟 2）。圖 1-8 展示了此邏輯樹，內含每一個變數的權值。

查爾斯收集一些小大學城和山區城鎮的資料後發現，一些變數重複了，一些變數無助於區別地點，因此他陸續修剪邏輯樹，讓分析變得更簡單、更快速。這意味著不需造訪某些地點，同時這也顯示出，有關於機場及樞紐的一些重要因素可以濃縮成單一指標——每一個候選城鎮至西岸查爾斯和一些年輕公司的通勤時間。早先的分析中包含了「社區安全性或犯罪情形」這個變數，但後來發現，在這些偏好的候選城鎮中，這不是有區別功能的要素，因此把它刪除。（步驟 3）

查爾斯把每個因素的所有資料轉換成 1 至 100 的評分，再乘以每個因素的權值。資料庫標準化（data normalization）的方法有多種，但它們都相當簡單明瞭，而且可以在網路上找到。你可以看到，此案例中的一些變數為正斜率（例如，愈多的晴天數愈好），一些變數為負斜率（例如通勤時間長較差），因此，麻州阿默斯特（Amherst）至西岸通勤時間的 100 分在此案例中是負數（100 分代表最差）。若你想把分析做得更花俏些，可以對降雨量之類的變數給予複雜的權衡（你希望下些雨，但不要太多）。圖 1-9 是查爾斯對一些候選城鎮的分析（步驟 5）。

圖 1-8　該遷居何處——邏輯樹

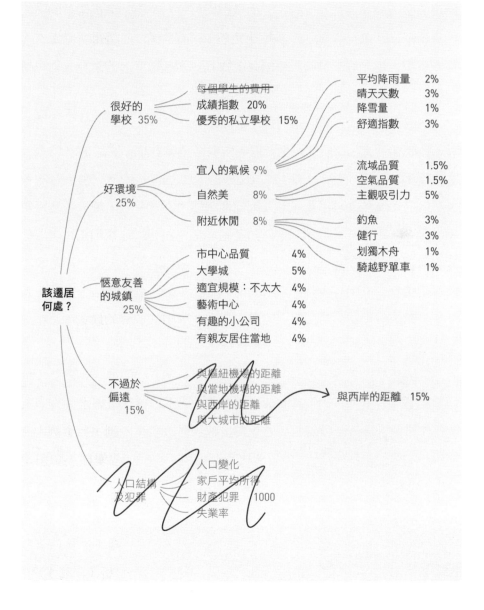

很好的
學校 35%
- 每個學生的費用
- 成績指數　20%
- 優秀的私立學校　15%

- 平均降雨量　2%
- 晴天天數　3%
- 降雪量　1%
- 舒適指數　3%

好環境
25%
- 宜人的氣候 9%
- 自然美　8%
- 附近休閒　8%

- 流域品質　1.5%
- 空氣品質　1.5%
- 主觀吸引力　5%

- 釣魚　3%
- 健行　3%
- 划獨木舟　1%
- 騎越野單車　1%

惬意友善
的城鎮
25%
- 市中心品質　　4%
- 大學城　　5%
- 適宜規模：不太大　4%
- 藝術中心　　4%
- 有趣的小公司　4%
- 有親友居住當地　4%

該遷居
何處？

不過於
偏遠
15%
- 與樞紐機場的距離
- 與當地機場的距離
- 與西岸的距離
- 與大城市的距離

與西岸的距離　15%

人口結構
及犯罪
- 人口變化
- 家戶平均所得
- 財產犯罪　1000
- 失業率

在此案例中，查爾斯家得出選擇愛達荷州克川市的結論（步驟 6 及步驟 7），他們一致贊同這個選擇，因為他們先前已經就構成優良居住地的要素以及如何權衡取捨這些要素達成一致意見。遷居愛達荷州克川市涉及了一個查爾斯準備接受的大取捨——這裡到西岸工作的通勤時間比其他許多候選地點更長。

我們有時聽到對類似這種進行有條理的問題解決法的批評，說這是用一個欺騙性流程來證明一開始就有成就／定論的事。在這個案例中，這流程絕無欺騙成分，一開始，克川市（Ketchum）甚至不在我們的考慮名單上，我們去那裡造訪友人後，才把它加入考慮名單。不過還是特別提醒這種分析可能產生的一些風險；科羅拉多州博德市（Boulder）和麻州阿默斯特市（Amherst）的評分和克川市的評分很接近，若查爾斯對休閒活動或市中心品質之類主觀因素的排序做出小變動，將對最終評分產生大影響。在此案例中，這個家庭可以造訪每一個候選城鎮，親身查驗他們對量化變數的感覺來降低風險。

這個遷居何處的案例展示如何從你的問題著手，把這些元素進一步分解成指標變數，再加入具體評量和權值，剩下的就是根據特性排序來執行簡單的計算。這種邏輯樹及分析法可以應用在許多選項的問題上，查爾斯和羅伯曾經使用它來評估購買哪棟公寓、選擇哪個僱主、工廠選址等等。

圖 1-9　候選城鎮的評分結果

正規化表	權值	加州希爾茲堡（Healdsburg）	加州布拉格堡（Fort Bragg）	奧勒岡州班德市（Bend）	加拿大卑詩省維多利亞市（Victoria, B.C.）	科羅拉多州博德市（Boulder）	麻州阿默斯特市（Amherst）	科羅拉多州汽船泉市（Steamboat Springs）	愛達荷州克川市（Ketchum）
年平均降與量	2%	71	24	0	58	82	29	100	92
晴天天數	3%	100	91	39	0	74	35	79	52
降雪量（英吋）	1%	0	0	4	4	36	36	100	62
流域品質（最佳 =100）	1.5%	0	7	45	41	100	35	94	57
空氣品質（最佳 =100）	1.5%	0	33	36	33	38	73	82	100
舒適指數（最佳 =100）	3%	30	46	40	46	100	0	86	80
至西岸飛行時間（最差 =100）	15%	0	17	33	17	33	100	50	58
私立學校可得性指數	15%	100	0	17	67	83	83	17	83
成績指數	20%	46	0	38	65	97	100	78	76
當地有無親友	4%	100	0	0	0	0	0	0	100
大學城	5%	0	0	100	100	100	100	0	50
藝術中心	4%	50	25	0	100	100	75	0	75
市中心品質	4%	67	33	0	67	67	50	50	100
地區的外觀美	5%	25	50	0	50	50	0	100	100
有趣的小公司	4%	60	0	40	60	100	80	0	20
城鎮規模	4%	51	100	90	21	0	94	98	100
休閒活動	8%	50	40	60	50	70	20	60	90
	100%								
總加權評分		**48**	**20**	**34**	**51**	**70**	**70**	**52**	**76**

案例 4：新創公司的產品訂價決策

　　過去幾年，查爾斯的一位朋友創立了一家為皮卡車製造獨特精巧配件的公司，我們姑且稱這公司為 Truckgear，它一年賣出 10,000 個產品，而且銷售量快速成長中，目前，現金基準達到損益平衡點（現金基準指的是不考慮會計帳上的資產折舊）。查爾斯投資這家公司，並協助它研擬策略。

　　新創公司在早期階段面臨大且複雜的問題，相較於規模較大的公司，它們可用於解決問題的現金資源和團隊成員有限。Truckgear 必須決定它是否該自擁製造廠，該在什麼市場區隔競爭（有新皮卡車區隔和二手皮卡車區隔，每個區隔有幾種銷售通路），它是否該擁有自己的銷售團隊，該在行銷上花多少錢？最重要的是，在有限的現金下成長速度該多快？這麼多的問題，難怪新創公司的團隊睡眠時間這麼少！

　　Truckgear 最近必須做出一個重大決策：它該提高產品價格嗎（步驟 1 定義問題）？前 3 年，該公司的產品訂價在 $550 美元左右，伴隨產品特性改進，材料與製造成本增加、利潤降低，每件產品創造的現金減少。很顯然，相較於已有歷史的公司，現金對於年輕的公司更加重要，因為它們的外部融資管道明顯較少。Truckgear 面臨的兩難困境是：市場對於價格調漲有負面反應，Truckgear 的成長可能因此減緩，甚至銷售量可能減少。

　　這類問題沒有完美的解答，但我們使用一種邏輯架構來評估：獲利槓桿樹（步驟 2 分解）。我們想瞄準決策的關鍵因素，這種邏輯樹具有

數學的完備性，因此我們可以用它來模擬不同的假說。

圖 1-10 是這種邏輯樹的簡單版本。

這邏輯樹把 Truckgear 的問題視覺化：壓力在於成本增加導致每單位變動利潤降低，該公司能否提高每單位價格而不讓銷售成長減緩或甚至銷售量下滑呢？

圖 1-11 展示 Truckgear 的營運數字。

若該公司能維持目前的銷售量，價格調漲 7% 將可使總現金獲利提高至 385,000 美元，增加出來的錢可用在更多的行銷與銷售方案。但

圖 1-10　Truckgear 的獲利槓桿樹

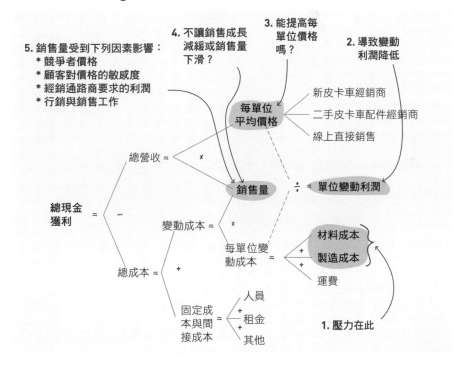

圖 1-11　Truckgear 的訂價決策

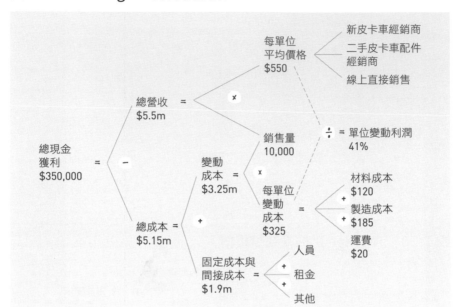

是，你也可以看到，銷售量只需減少 650 個，就能使得價格調高的益處消失（步驟 5 分析）。怎麼辦？

　　價格調高，會不會導致總現金獲利降低（或者，沒那麼嚴重，導致銷售成長減緩），這取決於競爭者的訂價、顧客對價格的敏感度（經濟學家稱為「價格彈性」）、第三方經銷通路商願不願意吸收部分漲價，接受利潤降低、以及行銷與銷售工作。Truckgear 對近期顧客進行電話訪查後研判：

- 最大宗的顧客對適度的成本提高並不敏感；
- 競爭者的產品價格相當，但功能特性相當不同；

• 經銷商不願意吸收部分漲價而降低利潤。

該公司也評估它能否藉由降低固定間接成本或自行製造產品，來達成相同結果。但是在降低固定間接成本方面，人員與租金已經相當精簡，不是顯著作為的選項。至於製造方面，在目前的現金資源有限情況，投資於自建極昂貴的製造機具及組裝，也不合理（步驟 3 排序）。總的來看，小幅調高價格以恢復單位利潤，是值得嘗試的冒險之舉（步驟 6 統合及步驟 7 溝通）。

這種財務樹在解決涉及金錢權衡的各種策略問題上特別實用，幾乎任何類型的事業問題都可以用它來處理，我們將在後面章節展示更精進的版本。

案例 5：查爾斯應該支持地方學校的教育稅嗎？

在查爾斯先前居住的愛達荷州城鎮，公立教育經費基本上靠房地產稅及州銷售稅來支應。當地方學校的理事會有大策略性投資計畫需要經費時，它會尋求納稅人投票准許透過發行以納稅人的房產做為抵押擔保的公債來增加稅額。2000 年代末期，愛達荷州布萊恩郡學校理事會（Blaine County School Board）提議發行超過 5,000 萬美元公債來支付該郡的一大批投資。布萊恩郡人口僅 2 萬人，視財產規模而定，這將使擁屋者的每年稅負增加數千或數萬美元。

身為納稅人暨公民，人們經常面臨這樣的決策——支出稅、一次性

公投，或是要不要支持某候選人倡議的新的州政策或國家政策。這類問題似乎複雜，且往往由黨派人士辯論支配，而不是用我們任何人能採行的解決問題方法來處理。

查爾斯從媒體報導得知，美國的中小學教育落後於全球同儕，因此，若對他的房子加稅真的能改善地方教育的話，基本上他是支持的。但他想知道，投票支持發行學校公債真的有助於縮小當地教育成效的落差嗎？（在美國各州的學校測驗成績中，愛達荷州排名落在後半段。）

查爾斯不是教育政策方面的專家，他首先詢問一個簡單問題：美國中小學教育相對於全球同儕國家的關鍵問題是什麼，提議的教育稅能解決這些問題嗎（步驟 1 定義問題）？他知道，美國對絕大多數轄區的平均學生經費很高，在全球最高之列，他知道，在這麼高的支出下，整體結果相較於同儕國家卻是平庸，因此他提出問題是出在：

- 平均每位學生經費？
- 智商或人口結構？
- 教師與學校？

查爾斯的研究顯示，答案主要在教師與學校。資料中沒有東西顯示美國學生教育成果差強人意的問題出在對平均每位學生的投入經費（實際上，美國高於絕大多數國家），或是學生智商（實際上，美國學生智商與其他國家相當）（步驟 2 分解）。研究一再顯示，學生在國際測驗中的成績相差甚大，最佳解釋導向教師特徵及學校環境。查爾斯接著研究教師與學校的相關因素對學生學習成果的影響最大，他發現四個因素，

依重要程度排序如下（步驟 3 排序）：

- 教師人數與班級規模
- 教師素質（教育、經驗、信賴）與待遇
- 學校環境與設備
- 技術

接著，他檢視發行公債籌措到的經費會用在哪些項目，發現這些經費主要將用於乾淨能源和學校設備，是前述影響低的因素，幾乎沒有經費將被分配於影響大的因素，尤其是在教師招募、待遇及訓練方面（步驟 5 分析）。基於這些理由，查爾斯決定不支持發行公債，圖 1-12 以決策樹形式呈現這些分析。

這分析展示如何用「麥肯錫最強問題解決法」來解決社會層級的政策問題：針對一個現實問題，用一系列的次疑問來框架一個疑問，指引研究和分析。查爾斯收集了有關教育成效的事實，以及現象公債計畫如何分配經費的細節，他只花了幾小時做問題框架及線上研究，就幫助他從情緒決策（「我支持教育，關心本地學校的教育成效」）轉變為理性決策（「基於經費分配方式，我無法支持教育稅」）。（步驟 6 統合及步驟 7 溝通）

年後，第三次試圖課徵教育稅時，規畫包含對早期孩童教育及更多教師訓練的經費支出，這次的公投通過了。

接下來各章將更詳細探討麥肯錫最強問題解決法的每一個步驟，介紹更複雜的問題案例以及更精進的解決方法。

圖 1-12　是否支持愛達荷州的中小學教育稅？

美國中小學教育落後於全球同儕國家，投票支持發行地方學校公債，能幫助縮小本地教育成效的落差嗎？

美國中小學教育的關鍵問題是什麼？

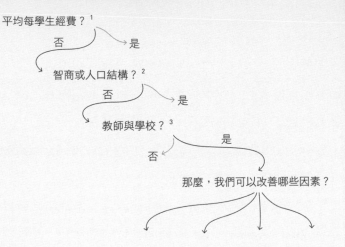

	教師素質 ＋班級規模	教師素質	學校環境 ＋設備	技術 ＋資本
對縮小教育成效落差 的影響程度？	低一中	高	低	中
教育稅將對此因素提 供經費嗎？[4]	不	不	是	是

---

[1] OECD PISA scores
[2] IQ Research
[3] How the World's Best Performing School Systems Come Out on top, McKinsey and Co., Sept 2007.
[4] School board approves October levy election, Terry Smith, 2009.

本章重點 ————

- 優秀的解決問題是一種流程，不是快速心算或邏輯推論。縱使是非常複雜的問題，例如查爾斯在佳能公司當暑期實習生時所做的全球工廠選址，也可以運用本書介紹的解決問題流程。

- 本書介紹的解決問題流程是 7 步驟循環流程，每個步驟都重要，省略步驟可能會產生很多錯誤。

- 最重要的步驟是以邏輯方法把問題分解成多個構成部分，使你能夠區分出最重要的分析；我們的主要工具是邏輯樹，邏輯樹幫助你更容易看出問題的結構。

- 排定分析的順序很重要，這樣才能避免花時間、心力在對解答沒什麼貢獻的問題部分，我們稱此為「保持在關鍵路徑上」。

- 必須有定義得宜的工作計畫，把分析工作分派給團隊成員，並且訂定完成的時間範圍。（本章的問題案例較簡單，因此不需要做太多工作規畫。）

- 你如何進行分析（使用簡單工具或更精進的工具？），是能否成功解決問題的重要環節。我們總是從簡單估計和捷思法或經驗法則著手。

- 統合分析結果，並述說一個能說服他人採取行動的故事之後，解決問題的流程才算正式結束。

- 我們對不同的問題使用不同類型的邏輯樹；在本章中，我們已經展示了數學上完備的演繹邏輯樹，做決策時的加權因素分析，以及分析複雜選項的決策樹。

換你試試看 ————

一、個人：用邏輯樹分析是否應該換工作——嘗試使用決策樹或因素權值樹（就像本章的「遷居何處」案例，但改成考慮對你而言重要的工作特性）；或者，嘗試用邏輯樹來分析如何挑選一棟新房子或公寓，考慮這些房子特徵，對各項特徵的重要性給予權值，把它們拿來和掛牌出售的房子／公寓互相比較。

二、企業：為企業或社會企業做「獲利樹三層次分解」。

三、社會：為英國是否脫離歐盟的決策繪製一張邏輯樹圖表。

第 2 章

定義問題

定義問題

?

　　為即將要解決的問題下一個非常清楚的定義,這是麥肯錫最強問題解決法的重要起始點。這應該是相當明顯,但非常多的解決問題之所以失敗,根源於糟糕的問題定義,團隊及個人在不清楚問題的範圍界限、成功標準、時間範圍或需要的準確度之下,就開始急躁地收集資料或訪談專家。

這註定會失望收場，用散彈槍的方法去收集資料，做初步分析，總是事倍功半，得出的解答往往不符合決策者的需要。在解決問題的規畫中，必須明確地考慮決策者的價值觀與界限。

查爾斯在 1990 年代創立城市搜尋公司（Citysearch）時，親眼目睹這類錯誤。這是一家網際網路城市指南公司，有時和地方性報紙通力合作，有時和它們競爭。儘管電台及電視相繼問世，在當時，報業公司仍然是地方性廣告業務之王，而且已經稱王百年之久，現在那些新進的網際網路小公司，想必也無法撼動地方報的廣告王位吧？

那些年，查爾斯和報業的許多高階領導人會面，目睹一種根源於不正確診斷問題的傲慢。那些經理人認為，關於新競爭的問題敘述是：「那些新進的網際網路公司擁有贏得讀者的更佳內容（新聞及其他文章）嗎？」，他們的結論是，他們的報紙擁有這些新進者無法匹敵的編輯內容，因此他們不需要太擔心。查爾斯受邀在 1997 年美國報業協會（Newspaper Association of America）年會上發表主題演講，他在演講中指出，競爭攻擊將來自背後，侵蝕報紙在汽車、房地產、就業及人事的分類廣告業務中近乎壟斷的地位。聽到這番話，全場靜默，這個新創公司老闆對市場的描述完全不符合他們的世界觀。演講結束時，沒有一個人鼓掌，這實在太尷尬了！

接下來幾年，一如查爾斯的預測，新的線上分類廣告業者如雨後春筍般冒出，慢慢地侵蝕報紙的長期霸位。消費者仍然想看標準的編輯內容，但他們開始轉往線上找工作、汽車、住宅及約會，導致傳統媒體公司的重要財源流失，隨後而來的是許多報紙走入歷史或整併。在破壞性

技術或事業模式創新帶來的顛覆下，這種情形很常見，在位者無法看出新進者帶來的威脅，因為他們的心態和問題範圍定義導致未能看到威脅。[1] 這裡的重點很清楚──對問題下正確定義，包括問題的範圍界限，這是優秀地解決問題的必要步驟，也可以成為重要的競爭優勢。

優秀的問題敘述有一些特徵：

- 聚焦於結果：清楚陳述要解決的問題，用結果來表達而非活動或中間產出。
- 明確且盡可能可以衡量。
- 有清楚的時限。
- 明確地契合決策者的價值觀與界限，包括需要的準確度及抱負的規模。
- 把問題架構成容許足夠範圍的創意及意外結果──問題的範圍界定得太窄的話，可能會限制了解決方法。
- 盡可能在最高層次解決，也就是為整個組織而解決，而非只是針對組織的部分最適解答或部分解方。

有時候，我們共事的團隊使用有助於記憶的「S.M.A.R.T.」來記住這些特徵：問題陳述應該明確（**Specific**）、可衡量（**Measurable**）、行動導向（**Action** oriented）、相關（**Relevant**）、及時（**Timely**）。S.M.A.R.T. 涵蓋了多數、但非所有上述特徵，切記必須聚焦於結果，並且在最高層次解決。

通常，你無法在單一問題陳述中包含所有這些特徵，因此我們喜歡

圖 2-1 問題定義工作表

問題敘述：我們試圖解決什麼？

決策者	成功標準／指標
你要應付的聽眾是誰？ 誰需要做出決策／行動？	決策者如何評斷解決問題的 工作是否成功？

影響決策者的重要力量	解決問題的時間範圍
關於決策，他們的關心及課題是什麼？ 你要如何處理衝突的議程？	需要多快得出解答？

範圍／限制	需要的準確度
什麼是禁區或不在考慮範圍？	解答的準確度需要到什麼程度？

使用一張問題陳述工作表來呈現全部背景脈絡，如圖 2-1 所示。

如何完美定義問題：太平洋鮭案例

我們用一個例子來示範如何完美地定義問題。一個新成立的慈善基金會——高登與貝蒂摩爾基金會（Gordon & Betty Moore Foundation）——請查爾斯研究如何保育野生太平洋鮭，這是北太平洋雨林生態系中非常重要的物種。因為管理不當導致大西洋標誌性的鮭魚物種大舉減少，造成大規模生態系傷害及社會經濟損失，基金會創辦人想確保這種事情不會發生在太平洋。你可以看出，這個問題遠比在第 1 章探討的問題更大且更複雜，但是你將會看到，相同原則也適用於解決比較困難的問題，

你只需對 7 個步驟的每一個步驟多花點工夫。

　　基金會的團隊知道以下資訊：太平洋鮭是北太平洋雨林生態系中的要素，基於牠們在這些生態系中扮演的角色，牠們有時被稱為「頂端物種」（apex species）。近 5 億條太平洋鮭，牠們本身就是可觀的生物量，同時，牠們對淡水及海洋生態系有巨大的影響。牠們為許多動物物種提供營養，為漁民提供工作，為原住民提供食物及文化意義，為釣魚者提供休閒活動，對地方經濟提供助力，並且供輸海洋營養以幫助森林茁壯茂密。牠們對環境、經濟、文化及這個龐大區域食物網的重要性，再怎麼強調都不嫌多，但牠們現在陷入麻煩了，至少在牠們分佈的許多地區，人類的土地開發使用和漁捕管理方法影響到牠們的棲息地及數量。

　　這個團隊想扭轉這些衰退，但坦白說，他們不知從何著手。這是一個新成立的基金會，但它已經承諾採行長期慈善事業模式，只聚焦於一些行動，長期資助它們。基金會創辦人是聞名世界的工程師，基金會以他的個人價值觀為核心，此基金會同意的四個過濾標準，其一是：只做能夠衡量成果的計畫，另外三個過濾標準是：重要（做真正要緊的事）；只做此基金會能產生改變的事（亦即此基金會的獨特貢獻）；所做的計畫能夠歷經時日產生投資組合效應（portfolio effect，也就是此基金會的經費將投資在能夠累積並且彼此相輔相成的能力與成果）。根據以上這四點，得出一個初步問題工作表，如圖 2-2 所示。

　　團隊發現，精確定義的問題背景脈絡極為有用，他們知道最多 15 年的時間可解決問題，若進展保持得不錯，將有很可觀的財務資源可用於投資。但團隊也受到一些限制：必須在經常舉行的高層考評中展示能

圖 2-2　太平洋鮭問題定義工作表

問題敘述：永續性地增加野生太平洋鮭數量

決策者	成功標準／指標
· 基金會環境計畫部領導人 · 基金會董事會 · 其他利害關係人：環境組織、其他捐款人、政府機關、漁場、原住民團體	· 基金會使用的 4 個過濾標準： 1. 重要性 2. 組織能夠產生改變，有持久影響 3. 能夠衡量成果 4. 貢獻投資組合效應 · 團隊能否展示出基金會的計畫方法的可信度？

影響決策者的重要力量	解決問題的時間範圍
· 這新成立的基金會最早做的計畫 · 想建立一個好聲譽 · 想證明一種新的慈善事業模式	· 至多 15 年，但必須證明我們能設計一個方案，並且獲得認同 · 舉行年度考評

範圍／限制	需要的準確度
· 此基金會不喜歡直接的政治政策工作或鋒刃的倡議（科學凌駕政治，實用主義凌駕運動） · 每年願意花 1,000 萬至 1,500 萬美元 · 成果導向，不是活動導向	· 必須展示計畫能夠產生一個世代的生態系規模成果

快速地解決問題，必須研擬可衡量的生態系規模的改進策略，它必須建立能力與關連性的投資組合效應，使基金會的其他環境計畫受益。此外，身為此基金會的第一個團隊，它必須向更廣大的捐款人及保育社群

展示，以聚焦的投資組合方法來運用環保捐款，真的具有成效。這些是高門檻，但能夠事前知道成功門檻，將會非常有幫助。

很重要的一點是，知道什麼是禁區，了解解決方案的界限。在這個案例中，我們知道草根性倡議運動以及大規模的直接政策行動，都不可行，因為這個基金會不喜歡這類方法。

回到問題敘述本身。這基金會選擇拯救太平洋鮭做為首批贊助計畫之一，理由之一是這項計畫明顯符合基金會的可衡量性過濾標準，這是此基金會抱持的核心價值觀。畢竟我們可以計算魚的數量，對吧？但實際做起來，會比想像中的稍難。

從加州到加拿大卑詩省、阿拉斯加州、俄羅斯的堪察加半島及庫頁島地區、到日本的環太平洋，有 5 種太平洋鮭物種分布，在一些地區，有些物種的情況良好，許多物種的情況沒那麼好。基於種種因素，這些物種的總數量每年有增有減，其中影響最大的因素之一是海況，導致鮭魚吃的較小生物或增或減，這是名為「太平洋 10 年振盪」（Pacific Decadal Oscillation）跟海洋溫度有關的短暫型態。聽起來像氣候學，實際上它意味的是很難區分鮭魚數量每年變化的導因。簡言之，不易統計鮭魚數量，也不易嚴謹判斷一種新政策或漁業管理方案或新的保護棲息地措施究竟造成正面或負面影響。對我們的團隊而言，這意味的是需要更長期的衡量，估計海洋生產力之類不可控因素的影響。

經過早期階段分析以及和潛在的受贈人共事後，團隊對相關問題的了解增加，問題敘述也開始有所演變與改進。更重要的是團隊更加側重維持鮭魚魚種的多樣性，以及生態系所有元素的充分運作。「魚種多樣

性」指的是同類鮭魚的較小魚群使用河流及海洋的方式不同,吃不同的食物在不同的時間循著不同路徑洄游。多樣化的亞種結構能幫助全體鮭魚更好地應付天氣的環境衝擊,進而對長期魚量有所幫助。圖 2-3 展示了問題敘述品質的演進與評量,表中可以看到,為了應付計算鮭魚數量的挑戰,方法之一是提出「鮭魚數量足以利用海洋負荷量」的論點,這項指標由食物可得性及棲息地決定。這對健康的鮭魚數量設定了一個門檻——有大量且多樣化的亞種、能夠利用所有可得的海洋負荷量,這概念比「任何一年的鮭魚數量」更有用。

這三種演進版本的問題陳述反映基金會的鮭魚保育計畫團隊在諮詢鮭魚管理機構、部落團體、商業漁捕組織、休閒釣魚團體、鮭魚科學家及保育社群後的迭代過程中,愈來愈了解問題。持續的迭代使團隊精進了解、修正策略,以達成期望的成果,在此同時也在過程中保持所有利害關係人不越位。

這種演進也使基金會內部的討論瞄準適當的抱負。相較於一個針對全北太平洋生態系層次的計畫,一個較窄、主要聚焦於鮭魚管理的區域性計畫可能會推進得更快,但對整個環境及人類和生態系福祉的影響將會更小。較窄的框架也比較難以促使公眾對保育的態度產生根本性的改變,也較難吸引其他基金會的經費贊助。另一方面,這些框架仍然有被更大的全球環境威脅(例如氣候變遷)壓倒的風險。

圖 2-3　鮭魚問題敘述的演進

	敘述	優點	批評
第一版	顯著且永續地增加野生太平洋鮭的數量。	·簡單 ·顯得可以衡量	·可衡量性受到質疑 ·忽視物種多樣性的重要性 ·未與全生態系的健康建立關連 ·夠明確嗎？
第二版	對野生太平洋鮭的長期永續有顯著且可衡量的影響，並確保牠們棲息的北環太平洋流域保持多樣化且運作良好的生態系。	·以成果來表達 ·指出重要性 ·瞄準長期 ·可以計算魚量	·是生態系計畫，還是物種保育計畫？ ·光是鮭魚數量，不能提供門檻？何時、多少數量代表我們已經完成？
第三版	維持可讓鮭魚群充分利用自然波動的海洋負荷量潛力，以維持良好運作的大規模北太平洋生態系。	·指出回答門檻疑問的明確自然機制 ·符合基金會的其他標準 ·把生態系及物種生存結合起來	·科學尚不了解海洋負荷量 ·可能招架不住其他因素的影響

定義最高層次的問題：鋼鐵公司的投資

　　為組織定義問題時，應該找出正確的規模與範圍。我們任職麥肯錫時，經常看到把問題重新定義至更高層次所帶來的好處。舉例而言，一家大型鋼鐵公司請羅伯的團隊檢視 60 億美元的資本設備投資計畫，它看起來簡單明瞭：評估一段期間的每項投資成本效益。但深入挖掘資料後發現更大的問題是，由於缺乏競爭力的成本地位，公司根本沒有能力產生現金，這是比計畫投資於新工廠及機器更為迫切的問題。團隊發現說服客戶先解決成本以及事業無法產生現金的問題，公司必須顯著降低間接成本，這指的是挑選原訂投資計畫的一部分去做才可能成功。經過這些改變，該公司得以產生現金存活下來。

　　若可能的話，讓解決問題計畫的範圍或廣度具有彈性將是有益的做法。這可以為進一步的深入發現提供空間，如同前述羅伯的澳洲鋼鐵公司客戶的情形，但同等重要的是，這也為創意新穎的解方提供空間。範圍窄的計畫可以快速解決問題，但往往導致戴著馬眼罩使用傳統的問題空間概念，使用舊模式與框架不太可能產生突破性的點子。人們常納悶，為何顧問公司僱用的新出爐企管碩士能為老兵管理團隊的組織做出貢獻，答案在於──新眼與新分析方法能為老問題提供新穎觀點。

　　定義問題的另一個重要原則是──盡可能在最高層次解決問題，這原則來自洞見：細部、局部的解方對更大的組織而言不是最適解方。在企業界，你往往會在事業單位層級的的資本分配與投資決策中發現這個問題，對一個事業單位合理對整個公司卻不合理。在解決問題時，盡可能瞄準你能做到的最高層次，別只瞄準較小單位的利益來解決問題。在

前述鋼鐵公司的例子中，客戶想為了正確的資本預算而解決問題，但更高層次的問題定義是該公司創造自由現金流量的能力，提升此能力才能說服股東投資於其事業。

同理，查爾斯的鮭魚保育團隊發現，較小的區域性方法沒有好成效，因為鮭魚洄游會經過其他地區聚集在遠洋的攝食場。在一個地區減少商業漁捕或使用更多選擇的漁捕器具，這類局部性解方的效果可能被其他地區增加的漁捕壓力抵消。北太平洋規模才是解決此問題的正確規模。

擴大問題的框架：印度的阿瓦漢愛滋病毒計畫

如前文例子所示，優秀的問題定義或框架能產生很大的正面影響，印度的阿瓦漢（Avahan）愛滋病毒計畫，也是在重新框架與重新仔細研究後才得以成功。圖 2-4 的敘述顯示出改進問題定義有多麼重要，最終，據估計，這計畫在 10 年間預防了超過 60 萬人感染愛滋病毒。該計畫團隊起初採行傳統的公共衛生（或供給面）方法，得出一些洞見，但後來產生突破的做法是加入需求面（或消費者層面）——讓六名性工作者參與研擬解決方案。根據初期對一假說的檢驗結果，計畫團隊對於如何在全印度複製推廣的工具箱得出一致意見，那就是在過程中內建社區參與，並且包含通常未被傾聽的性工作者意見。圖 2-4 展示在問題敘述、假說及資料之間「豚跳」（porpoising）得出最正確的問題敘述的另一個例子。

圖 2-4 架構問題：在印度減少愛滋病毒感染

比爾與梅琳達蓋茲基金會（Bill and Melinda Gates Foundation）在 2003 年捐助推行阿瓦漢印度愛滋病計畫，應付印度的愛滋病毒感染擴增問題。10 年後，《刺胳針全球健康》期刊（*Lancet Global Health*）的研究人員估計，阿瓦漢計畫幫助預防了超過 60 萬人感染愛滋病毒。[1] 正確的問題架構在阿瓦漢計畫的成功中扮演了重要的角色。

由前麥肯錫的高級合夥人艾索克·亞歷山大（Ashok Alexander）領導的阿瓦漢計畫團隊從供給面和需求面重新框架問題，進行現場分析以了解行為及原因，推行高度重視社區層級溝通的行動。

艾索克回顧：「我們想加強公共衛生方法（供給面），除了提高意識，我們重視前線公共衛生工作者的使用資料——實際上，就是知道配給了多少保險套。我們也同時在需求面下工夫，讓工作者以小組方式倡導安全性行為的共通課題，用商業術語來說，就是創造更主動、更警覺的消費者，使需求面產生動能。」[2]

阿瓦漢團隊轉向需求面，詢問性工作者對於愛滋病毒感染擴增的看法，她們例舉常見的暴力情事——男性要求無防護措施的性行為。阿瓦漢團隊能夠展示暴力與性傳播感染之間的高相關性，因此，艾索克及團隊把這視為一個突破點，他們開始探討如何減少對女性施暴的行為。他們得出的解決方法是，發生這類施暴事件後，快速組成社區工作者反應小組，通常由一名律師和一名當地報紙記者陪同。艾索克形容，這方法「如同病毒般傳播」，全印度各地社區擁抱阿瓦漢計畫推行的干預措施。

比爾·蓋茲（Bill Gates）在 2017 年寫給華倫·巴菲特（Warren Buffett）的一封信中寫道：「研究報告顯示，印度性工作者堅持要客戶戴保險套，顯著地防止了愛滋病毒感染給一般民眾。」[3]《刺胳針全球健康》期刊的研究人員也指出：「阿瓦漢計畫展開後，高風險群使用保險套的情形大舉增加。」重要的是，除了大舉減少愛滋病毒感染也顯著減少了對女性施暴的狀況。

---

[1] Lancet Global Health article by Michael Pickles et. al.
[2] 本書作者與艾索克·亞歷山大的私人通訊。
[3] Gates Notes.com ／ 2017 年度信函

用「豚跳」得出正確的問題敘述

根據事實來雕琢與精進問題定義，問題敘述就會變得更好。我們發現，對要解答的疑問進行會談非常有助於精修問題定義。舉例而言，澳洲政府生產力委員會（Australian Government Productivity Commission）的調查發現，非營利組織在能力建構方面的投資不足，本書作者羅伯受邀協助一家團隊檢視這個問題時。羅伯提出下列疑問：

一、所有非營利組織都有這個問題，抑或只是一些非營利組織有此問題？

二、大大小小的非營利組織都有這個問題嗎？

三、這問題是否導因於可得經費或優先順序？

四、所有非營利組織部門都有這個問題，抑或只是一些部門？

五、投資不足是在營運成效方面還是管理複雜系統方面？

這些疑問當中，有一些可以根據已知資料來回答，其他疑問則是需要訪談部門領導人、上級的看法。此團隊的調查得出結論，投資不足的問題發生在多數、但不是所有非營利組織；這問題在員工數少於 50 人的小型非營利組織特別明顯；這問題是來自於非營利組織沒什麼自由支配經費可供建構能力；在服務遞送模式有問題的部門，這問題比較嚴重；管理複雜系統方面的投資不足問題特別嚴重，但營運成效的能力建構投資也不足。在這些發現之下，問題敘述從原先的概括粗略陳述，修改為針對那些在建構經費上有困難、以及明確需要對複雜的系統環境服務遞送模式作出更新的非營利組織。精修問題的敘述可能帶來很大的益

處，我們將在下一章說明優秀的問題敘述和優秀的假說檢驗之間的關連性，優秀的問題敘述可以得出更好、更容易被檢驗的假說。

設計思維與 7 步驟

我們最常見到的問題敘述類型之一跟使用者體驗有關。「設計思考」（design thinking）是處理消費者需求及使用者體驗的問題解決者（通常是在設計產品或服務的情況下）的一項實用工具，但在這些領域之外，當解決問題必須有創意才能得出好結果時，設計思維也很有幫助。常有人詢問，設計思考跟我們的 7 步驟解決問題流程有何關連，我們認為，這兩者一致且互補，尤其是在必須了解使用者體驗的案例中。本書提供了使用者體驗為了解決問題核心及幫助設計思考的案例，例如遷居何處、印度的愛滋病毒計畫、是否接受膝關節鏡手術等案例。

設計思考通常呈現為一種流程，跟 7 步驟解決問題流程很像，但有稍微不同的階段：以「同理心感同身受（empathize）→定義（define）使用者需求／問題→創意動腦（ideate）→打造原型（prototype／build）→測試（test）原型→提出結果（deliver）」。（見圖 2-5）把這 6 步驟描繪成一個迭代與流動的流程，雖然，這方法呈現得像是一種有關卡、循序的流程，這些步驟通常不是線性的，它們可以平行發生，伴隨洞見出現，可以迭代及重複這些步驟。

本書 7 步驟流程和設計思考明顯相似：同理心及定義這兩個步驟密切呼應了我們的問題敘述方法；創意動腦步驟與分解問題與假說和檢驗

圖 2-5　設計思考

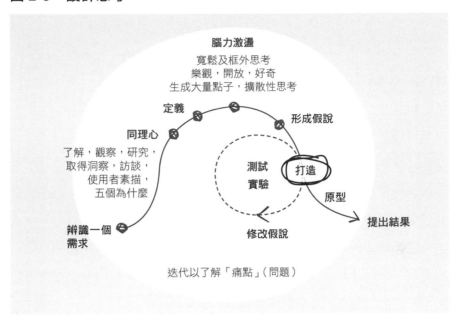

相似；打造原型和提出結果步驟相應於我們的工作計畫與分析步驟。跟我們的 7 步驟方法一樣，設計思維也是高度迭代的流程，隨著知識的累積再度執行前面階段。

　　設計思考把方法論和設計師的價值觀形式化，讓團隊能使用創意解決問題的流程來找出創新的解方。這種解決問題的流程必須以使用者為導向，投入大量時間在同理心的感同身受，了解使用者及他們的「痛點」，這得透過耐心、持續的互動，包括訪談、觀察、研究。我們喜歡把設計思考納入 7 步驟流程中，尤其是當問題解方需要新穎且有創意的點子時。

設計思考通常始於了解潛在的使用者需求，因此，設計思維方法論的第一個步驟是以同理心對想服務的使用者進行設身處地的探索，了解他們的需求，辨識什麼樣的產品或解決方案能切合他們的需要，他們的日常生活中將如何使用這套產品或解決方案。從「同理心到打造—測試—修改」，再「打造—測試—修改」的循環是基於一個概念——你不需要根據歷史資料和直覺來做決策，可以根據使用者對成功或失敗的原型的反應來演進決策。聚焦於了解使用者、研究與迭代原型的設計思考方法論是可以和 7 步驟解決問題法一起使用的實用工具，尤其是在消費者／產品這個領域。

對問題定義下工夫是很值得的，這讓你有一個明智的開始和有效率的流程。迭代地分解問題定義也非常有幫助，設法質疑問題的框架與範圍，將使你的解決方案更有創意。

本章重點 ————

- 正確詳細地定義問題，是優秀解決問題的起始點，若這一步沒做對可能會浪費你的時間，招致決策者不滿意。有句格言說：「**一個定義得當的問題，就已經解決了一半的問題**」，這讓我們值得一開始投資時間在「定義問題」上。
- 問題的定義不只是問題敘述而已，你必須知道問題的範圍界限、解方的時間範圍、需要的解方準確度、以及影響決策的任何其他因素。
- 嘗試用一個質疑反面論述或反事實來檢驗問題敘述的堅固程度，

你可以用顧客行為、競爭者反應或監管當局立場的角度來提出質疑。

- 從豚跳資料，對問題獲得更多了解，迭代與修改問題敘述。
- 在定義問題時，藉由擴大框架、放寬限制以及增加團隊成員的多樣性來注入創意。
- 在這個階段試著加入設計思維的元素，尤其是添加對使用者或決策者的同理心設想。

換你試試看 ─────

一、針對組織今年的第一優先要務，寫成一個問題敘述，接著用優秀的問題敘述標準來檢驗問題敘述。若改從執行長的角度來撰寫會不會有所不同？或者，若改從一個競爭者的角度來撰寫呢？

二、列出所處的世界的前三大問題，例如環境惡化、犯罪率、就業問題、鴉片類藥物濫用；對每一個問題寫出問題敘述。列出你需要知道的問題事實與分析，花一小時網路研究及打一些電話，收集事實。再重做一次，得出第二個版本的問題敘述。

三、用你的銀行往來關係定義問題。你的使用者體驗有哪些痛點？銀行可以如何透過產品或改變流程來減輕這些痛點？

四、想像一個未獲得滿足的消費者需求，再用設計思考循環流程來處理它。

第 3 章

分解問題、排序

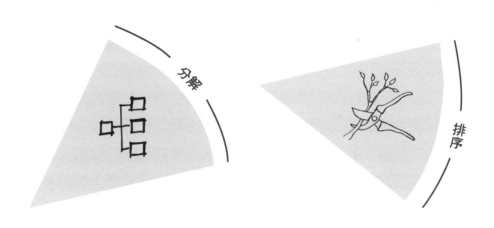

優秀的問題分解是 7 步驟流程的核心，任何有重大後果的問題，若不把它分解成多個邏輯部分，幫助了解情況的左右因素或導因，就會因為太複雜而難以解決。因此，這是解決問題的流程中最重要的步驟：能夠幫助我們看出潛在解決途徑的方式、分解問題。在此同時，當我們能清楚看到問題的所有部分時，我們就能判斷「別」做哪些部分——要嘛是太難以改變的部分，要嘛是對問題沒有多少影響的部分。當你擅長分解問題時，洞見就會快速浮現，重點在於看出哪種邏輯樹能更明顯得出巧妙的解方，這就像切割一顆鑽石的計畫，使用正確切割法很重要。

「切割鑽石」這個比喻很有趣，但這涉及風險，所以就讓分解問題看起來太難，彷彿只有專家才能做。事實上，只要先在網路上做做有關於問題面向的文獻回顧，任何人都可以做這件事。對問題的情況及因素進行腦力激盪，得出一個基本邏輯樹，開始分解問題。

本章介紹如何使用邏輯樹來分解問題，掌握要分析的問題部分，得出朝向解方的洞察。我們將介紹幾種適用於解決問題的前面或後面階段或不同類型問題的邏輯樹，包括因素樹／槓桿樹、演繹邏輯樹、假說樹、決策樹。有些問題用簡單和直覺的方法就能得出解答，其他問題則需要更多的耐心得出洞見。本章將介紹把分解框架或捷思法應用在個人、組織及社會層級問題，可能更快速且俐落地解決較困難的問題。接下來，我們將討論對問題排序，剪掉那些對問題解答貢獻不夠大而不值得花費時間的邏輯樹樹枝。最後，我們將討論使分解和排序的工作變得更容易及減少決策偏誤傾向的團隊及個人流程。

邏輯樹種類

　　邏輯樹其實就是一種結構圖，幫助你清楚看出一個問題的構成元素，了解問題的不同層次，我們把它比作樹幹、樹枝、細枝及樹葉。你可以用由左至右、或由右至左、或由上而下的安排方式，只要能讓你更容易把問題元素視覺化就行了。分解問題的方法很多，事實上，我們幾乎總是嘗試二或三種分解法，看看哪種能得出最多洞見。你可以把邏輯樹想成你的問題的心智模式（mental model），較好的邏輯樹有更清晰、更完整的關係邏輯來連結問題的各部分，而且更全面，沒有重疊的部分。

　　以下是建構邏輯樹的簡單例子：砌一座磚牆的規畫工作可被視為一個流程或是構成要素的總和，兩者將得出不同的洞見，但兩者都有助於把砌牆的工作視覺化（參見圖 3-1）。

　　圖 3-2 展示了本書在實務中發現實用的一些邏輯樹結構，以及它們的最適合使用情況。流程的早期階段，我們通常使用成分或因素樹，並做歸納推理（從特定事例或情境推出通則），幫助我們定義基本的問題結構。後面階段，在使用資料與分析做了一些迭代後，我們通常邁入使用假說樹、演繹邏輯樹或決策樹，視問題性質而定。這裡的唯一規則是：在適當時機，從呈現概括的問題元素的邏輯樹，邁入敘述清楚假說以供檢驗的邏輯樹，因為含糊籠統的標籤（概括的問題元素）無法驅動分析或行動，這是重點。

　　一開始，當你能清楚敘述問題，但對問題還沒有詳細的了解而無法

圖 3-1　分解問題的許多種方法——以砌牆為例

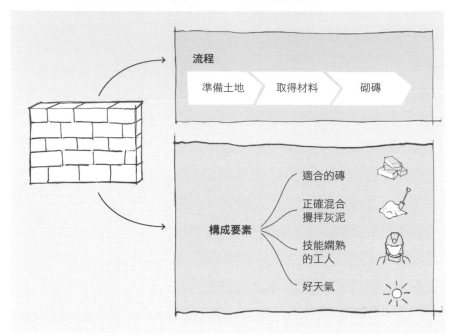

提供對於解方的觀點時，通常應該使用最簡單類型的邏輯樹——成分或因素樹。建立邏輯樹的目的是要找出能幫助我們破解問題的槓桿，從那些有助於聚焦資料的收集工作、最終把我們推向能檢驗的好假說的問題構成著手。成分或因素指的是構成問題的最明顯元素，例如前述砌牆例子的磚塊及灰泥。通常少量的上網研究和團隊腦力激盪，就能獲得足夠資訊，進行第一次邏輯的問題分解。我們來看以下案例。

圖 3-2　邏輯樹種類

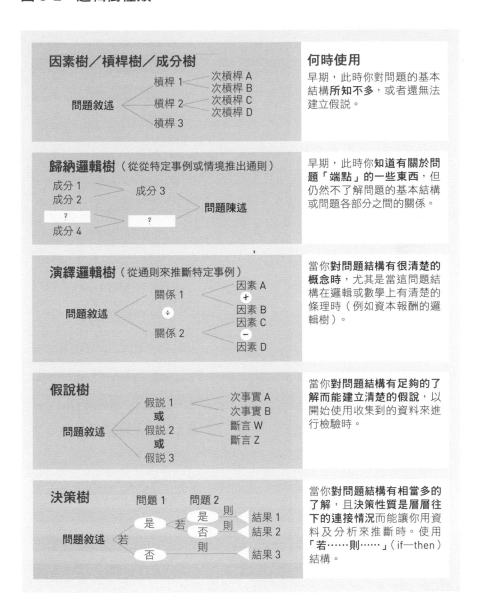

因素樹／槓桿樹／成分樹

問題敘述　── 槓桿 1 ── 次槓桿 A
　　　　　　　　　　　　次槓桿 B
　　　　　　── 槓桿 2 ── 次槓桿 C
　　　　　　　　　　　　次槓桿 D
　　　　　　── 槓桿 3

何時使用
早期，此時你對問題的基本結構**所知不多**，或者還無法建立假說。

歸納邏輯樹（從從特定事例或情境推出通則）

成分 1
成分 2　　── 成分 3
　 ?　　　　　　　　── **問題陳述**
成分 4　　── 　 ? 　

早期，此時你**知道**有關於問題「端點」的一些東西，但仍然不了解問題的基本結構或問題各部分之間的關係。

演繹邏輯樹（從通則來推斷特定事例）

問題敘述
　　　── 關係 1 ── 因素 A ⊕
　　　　　÷　　　　因素 B
　　　── 關係 2 ── 因素 C ⊖
　　　　　　　　　 因素 D

當你**對問題結構有很清楚的概念時**，尤其是當這問題結構在邏輯或數學上有清楚的條理時（例如資本報酬的邏輯樹）。

假說樹

問題敘述
　　　── 假說 1 ── 次事實 A
　　　　或　　　 次事實 B
　　　── 假說 2 ── 斷言 W
　　　　或　　　 斷言 Z
　　　── 假說 3

當你**對問題結構有足夠的了解**而能建立清楚的假說，以開始使用收集到的資料來進行檢驗時。

決策樹

　　　　　　問題 1　　問題 2
　　　　　　　　　　　　 是 ── 則 ── 結果 1
　　　　　 是 ── 若 ──
問題敘述 ── 若　　　　 否 ── 則 ── 結果 2
　　　　　 否 ── 則 ── 結果 3

當你**對問題結構有相當多的了解**，且**決策性質是層層往下的連接情況**而能讓你用資料及分析來推斷時。使用「若……則……」（if—then）結構。

案例 1： 拯救太平洋鮭——從一開始的成分樹到精準的假說樹

圖 3-3 展示了查爾斯的鮭魚保育計畫（參見第 2 章）中使用的因素樹或槓桿樹，這項邏輯樹是在流程的最早階段建立的，當時基金會知道它致力於解決鮭魚保育問題，但不了解定義問題範圍的所有元素及關係。

因此，團隊建立一個初步成分樹，讓問題處理有一個著手點。為了建立成分樹，我們閱讀了能找到的所有鮭魚文獻，和一些鮭魚保育專家討論，花了許多天不是幾星期。根據經驗，你應該只做足以產生第一個分解樹的初步研究就夠了，因為這項邏輯樹的結構將能更有效率地做進一步研究的指引。

你可以從圖 3-3 中看出，這個第一個分解樹令人眼花撩亂，它幫助我們看出影響鮭魚的大槓桿，但還無法幫助我們獲得多少洞見，因為它仍然是在成分的層次，沒有清楚假說。我們知道，淡水流域品質及海洋環境條件對太平洋鮭的數量及多樣性很重要，會受到商業及其他漁捕、孵卵場及養殖場、消費者行為及政府政策的影響。我們能看出問題的一些第二及第三層次，但不清楚有關於任何槓桿的重要程度或大小，或是經費能影響哪些槓桿，因此還無法建立假說，指引資料收集、分析及排序。但建立了一張不錯的影響鮭魚因素清單，繪出幾個干預層次，這為團隊提供了下一個階段研究方向以及在鮭魚大宗漁業國家建立關係的更佳指引。這是一個良好的開始，但也只是一個開始。

第一階段的太平洋鮭保育問題成分樹還有其他方面的不足。它沒有

圖 3-3　鮭魚數量與多樣性

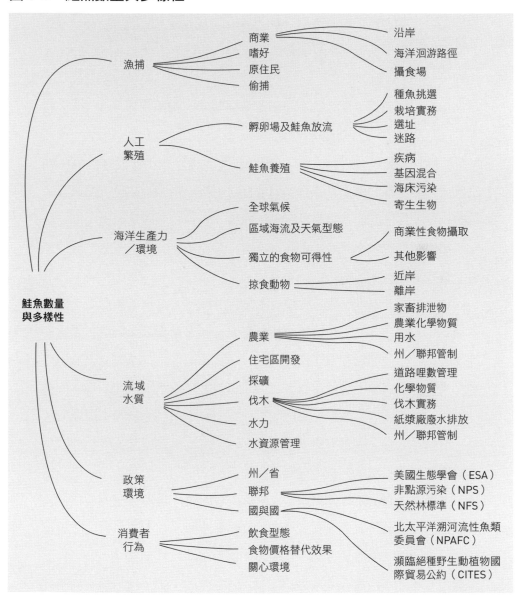

處理顯著的區域性差異，這方面的因素也很重要。它沒有展示每一種槓桿的影響程度。它在政府政策元素上明顯造成困惑，把它呈現為一個區分的主題領域，而非呈現它實際上對每種槓桿——流域品質、漁捕、人工繁殖——的影響。

此處值得暫停一下，介紹建構邏輯樹時的一個重要原則——「彼此獨立，且全無遺漏」（mutually exclusive and collectively exhaustive，或譯「互斥且完全互補」，簡稱 MECE）的概念。由於太平洋鮭保育團隊建立的成分樹中的一些樹枝重疊或混淆，它不是一個 MECE。這個概念名稱很拗口，但它是個非常實用的概念。

邏輯樹的樹枝應該是——

彼此獨立：邏輯樹的樹枝不重疊，或者說，含有相同因素或成分的部分元素。你可能有點難以理解，但它的意思是，問題的每一枝樹幹或樹枝的核心概念是獨立完備的，不延伸穿越其他樹枝。

而且**全無遺漏：**整個邏輯樹包含問題的所有元素，而非只包含一些元素。若遺漏了一些部分，很可能搞錯了問題的解答方法。

圖 3-4 提供 MECE 概念的視覺化圖表。

這裡舉一個跟第 1 章的 Truckgear 公司案例有關的例子，若你用資本報酬樹來評估一家零售業者的績效，你把既有商店的營收放在一枝樹枝，把新商店的營收放在另一枝樹枝，這兩枝樹枝彼此獨立；為了做到全無遺漏，你必須確保資本報酬樹包含所有營收來源，包括現有商店的

圖 3-4　MECE 概念圖

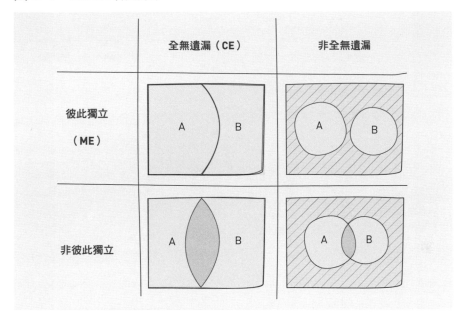

營收、新商店的營收以及線上營收。若無法從邏輯樹得出清楚假說，就應該回頭檢查，看看它是否真的符合 MECE 原則。

　　回到拯救太平洋鮭的案例，持續迭代是 7 步驟解決問題流程奏效的關鍵，查爾斯的團隊做完文獻回顧後，他們和許多專家會面，和保育組織、政府機構、政策相關人員、漁民以及加拿大第一民族（加拿大境內的北美原住民）建立與加強關係，他們委託鮭魚研究員進行探索性質科學研究。這些行動得以修改邏輯樹，從簡單的成分視覺化，推進至一個假說樹。如圖 3-5 所示，這棵邏輯樹的組織程度變得更好，而且更符合 MECE 原則，有更多的積極疑問。而且第二次的分解使團隊把分析聚焦

圖 3-5　拯救太平洋鮭魚：對問題的第二次分解

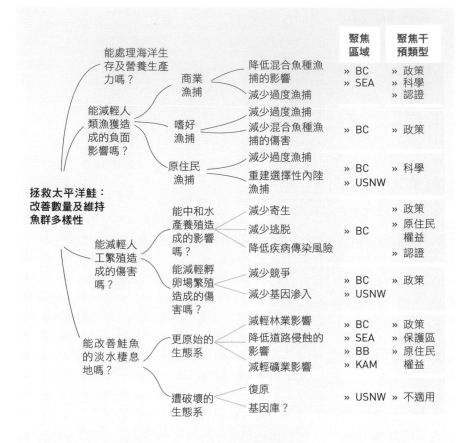

於特定區域及干預類型。在這個階段上，這些還不是很明確的假說，但它們讓團隊可以和新夥伴共同建立第一批經費捐助，推動取得一些早期成果（包括禁止在卑詩省把鮭魚養殖往北擴張），使基金會更加了解後來的 15 年期、投入 2.75 億美元的太平洋鮭保育計畫行動。在後面階段（參見本章後文），查爾斯的團隊裁掉邏輯樹中一些影響性較低或困難度較高的樹枝，有助於把解決問題的流程聚焦在具有高潛力的成果。

演繹邏輯樹

「演繹邏輯樹」這個名稱源自「邏輯演繹法」，演繹推理有時也被稱為「由上而下的推理」，因為使用它時，常從通則出發透過更特定的資料與斷言得出結論。一個典型的演繹陳述，結構類似以下這樣：

- 通則陳述：所有錶匠都需要眼鏡。
- 特定觀察：莎莉是個錶匠。
- 演繹結論：莎莉需要眼鏡。

演繹邏輯樹也是類似這樣建構的，開始於一個問題敘述，有時敘述以數量來表達，而樹枝通常在邏輯或數學上完備，因此所有成分加總起來，等於問題敘述的目的。當我們對問題的邏輯結構知道很多時，尤其是框架具數學性質時（例如第 1 章提到的獲利槓桿樹）時，可以使用這種演繹邏輯樹。這種邏輯樹的更複雜版本包含了不同行動的投資成本，而非只有獲利力的影響。

為何要分析投資資本報酬率呢？投資資本報酬率（ROIC）可以看

出一家公司把投資轉變成獲利的能力，算術上，它是以下兩個成分的產物：利潤率（有時稱為「銷售報酬率」），以及資本週轉率（capital turnover，等於營收／投資資本）。投資資本報酬率可用於比較公司——藉由了解影響公司資產報酬率的槓桿，不看所有權結構（負債與權益）及超額現金。若你對企業問題感興趣，應該學習這種邏輯樹，下一個案例聚焦於使用資本報酬樹來了解兩家公司之間的競爭，也可以在圖 3-9 中看到一個更廣泛的例子。

案例 2： 五金業的王者之戰：好新閣（Hechinger）vs. 家得寶（Home Depot）

伴隨著產業的變化，事業模式在激烈競爭與市場顛覆中受到考驗，使用投資資本報酬樹，查爾斯得以研判哪些槓桿影響了五金業中兩個競爭者的獲利力與成長。好新閣公司僱用查爾斯任職的顧問公司幫助研擬進軍新市場的擴張計畫，定義問題的步驟顯示了，為了成功擴張，好新閣必須經得起來自新興同業的競爭。投資資本報酬樹幫助查爾斯所屬的團隊發現，一場競爭大戰正在蘊釀中。以下講述這個故事。

好新閣在 1919 年設立其第一間五金店，它的行銷策略不是聚焦於承包商，而是聚焦於零售消費者，它助長了 DIY 五金業的成長。整個 20 世紀上半葉，這個家族公司緩慢擴張，1972 年掛牌上市後，公司計畫要更快速地擴張。當時五金業的年成長率近 12%，是美國經濟成長率的 2 倍有餘，住宅價格的上漲使擁有自住者更加關注自家住屋的維修保養及持續優化。

好新閣公司有令人欽羨的業績，包括連續 39 季繳出每股正盈
餘……
——《亞歷山大布朗父子投資公司分析師報告》（Alex Brown
& Sons Analyst Report）

1984 會計年度

在優異績效和產業前景預測看好之下，好新閣尋求擴張至新市場。
它的帳面上有 1.3 億美元現金可供使用，還有堅強的員工資歷——連鎖
店中 150 名經理有 9 年或更久的經驗，因此公司管理階層對市場占有率
很有信心。

但是，顧問公司團隊的分析發現了一個好新閣沒有看出正發生的問
題。創立於 1978 年的一個南方小公司家得寶，自 1979 年起已經開張了
3 間新的倉庫型商店，這是一種新穎的事業模式，不同於好新閣一塵不
染的商店、有大面積的後房放置存貨、以及相對較高的價格，家得寶建
立倉庫型五金大賣場模式，同時瞄準零售購物者和承包商。1981 年掛牌
上市後，家得寶開始從位於亞特蘭大的總部向外快速擴張，此時，好新
閣也從位於華盛頓特區的總部開始擴張，儼然形成兩者一決雌雄的戰
局。雖然好新閣無疑地擁有優異經營管理團隊和堅強的成功史，但在當
時，他們未能看出家得寶正在改變產業的競爭態勢。

面對在前景看好的擴張市場上具有競爭力的對手，查爾斯及團隊對
好新閣和家得寶進行比較分析，得出令他們震驚的發現：外表看起來相
似的兩個企業，內在卻截然不同。為了解決這問題，團隊使用投資資本

圖3-6　投資資本報酬分析──好新閣 vs. 家得寶

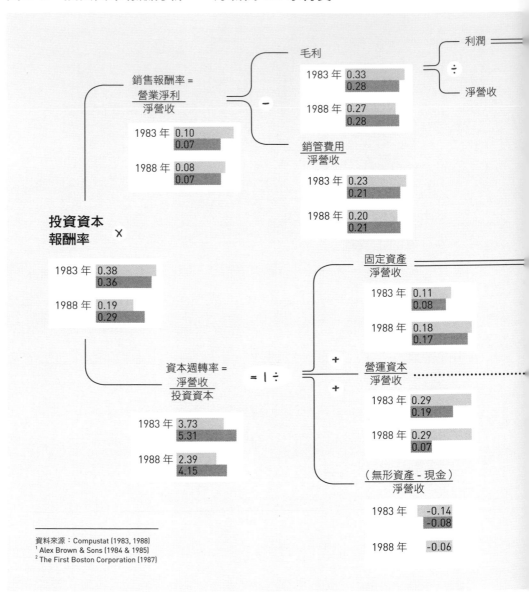

資料來源：Compustat (1983, 1988)
[1] Alex Brown & Sons (1984 & 1985)
[2] The First Boston Corporation (1987)

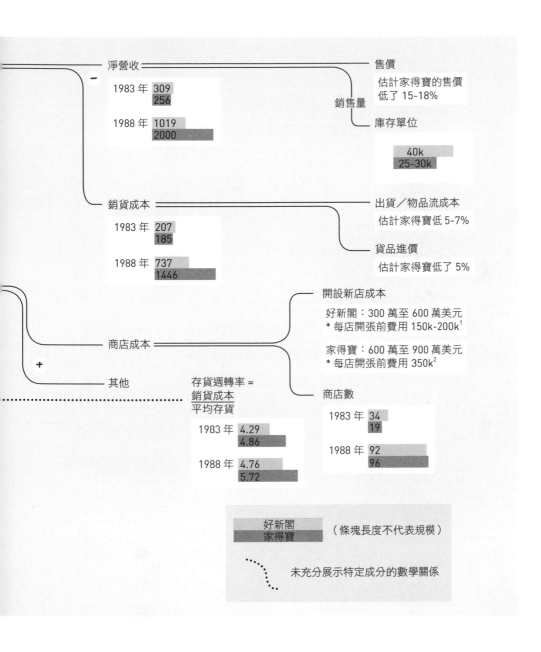

淨營收

1983 年 309
256

1988 年 1019
2000

售價

估計家得寶的售價
低了 15-18%

銷售量

庫存單位

40k
25-30k

銷貨成本

1983 年 207
185

1988 年 737
1446

出貨／物品流成本

估計家得寶低 5-7%

貨品進價

估計家得寶低了 5%

開設新店成本

好新閣：300 萬至 600 萬美元
* 每店開張前費用 150k-200k[1]

家得寶：600 萬至 900 萬美元
* 每店開張前費用 350k[2]

商店成本

其他

存貨週轉率 =
$\dfrac{\text{銷貨成本}}{\text{平均存貨}}$

1983 年 4.29
4.86

1988 年 4.76
5.72

商店數

1983 年 34
19

1988 年 92
96

好新閣
家得寶
（條塊長度不代表規模）

未充分展示特定成分的數學關係

報酬樹，事實證明，這是一個非常優異的解決問題工具。這投資資本報酬樹顯示，雖然兩家公司的資本報酬率相似，驅動成功的因子卻不同。使用公開會計資料，用圖 3-6 顯示分析：

- 家得寶的間接成本較低，銷貨成本較低，但它的毛利（售價減去商品成本）也較低，這是一種低成本／低價格策略。
- 家得寶的資產生產力遠遠較高，意味的是，它的每一塊錢投資創造更高的營收，包括每平方英呎商店面積的營收較高，以及存貨週轉率較高。
- 雖然在 1983 年時，兩家公司的營收規模相近（家得寶略低），但家得寶成長得更快。

　　很顯然，家得寶用較低的間接成本和較高的資產生產力來彌補較低的利潤，產生與歷史悠久的好新閣相近的報酬率。團隊決定更深入挖掘，進而獲得了更多的發現。家得寶成長得如此快速，是因為它的售價更便宜，查爾斯的團隊進行購物暗訪員價格分析，發現相似的產品，家得寶的售價低了 15% 至 18%，它怎麼可能賣這麼低的價格呢？

　　「投資資本報酬樹」是指引分析的核心框架，查爾斯的團隊發現，家得寶建立了一種最先進的存貨管理制度，並發展出一種商店設計——零售店現場有高達 20 英呎的貨架（好新閣的貨架只有 8 英呎高），因此不需要後房倉庫，也不需要人力密集的貨架補貨。此外，它不把貨品存放在一個中央的公司倉庫，它和供應商協商，讓它們直接送貨至家得寶的商店，或是採行「越庫作業模式」（cross-docking，供應商的貨車快速

地把貨品直接卸載至商店的送貨車上，省去重複卸載的時間）。查爾斯的團隊估計，家得寶的出貨及物流成本比好新閣低了 5% 至 7%，並且藉由集中數量於品項較少的訂單〔這有時被稱為「庫存單位」（stock keeping units 或 SKUs）〕，談判出相同貨品的較低進價，低了 5%。

> 越庫作業模式，或是把製造商的出貨分解後直接送貨至各零售店，這是以小規模作業，但多數供應商很樂意把貨品送到商店，因為個別地點商店下的訂單量是整個集裝箱的量。家得寶平均每間店的營收約 2,000 萬美元，比好新閣或建築用品廣場（Builders Square）高出不只一倍。
> ——《波士頓第一銀行分析師報告》（*The First Boston Corporation Analyst Report*）

所以，家得寶創造相同的投資資本報酬率，但能夠用較低的遞送成本、更便宜的貨品進價、較低的商店及中央間接成本、以及更高的資產生產力來彌補較低的售價。較低的售價驅動較高的每店營收額，以及遠遠較高的公司成長率。麻煩很快就降臨好新閣：它能採行家得寶的一些競爭實務，用它的堅實品牌重拾區域領先地位嗎？

雖然，好新閣嘗試降低成本提高資產生產力，兩家公司的差距依然日益擴大，到了 1988 年，兩家公司已經大相逕庭（參見圖 3-7）。家得寶的營收成長，它開啟新市場，每家店的營收是好新閣的近 2 倍，它的資產生產力也持續攀升。

圖 3-7 　存貨週轉率——好新閣 vs. 家得寶

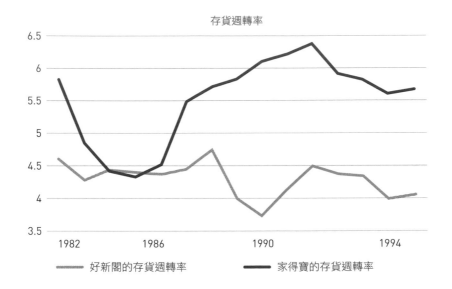

好新閣嘗試與家得寶的價格競爭，他們提供廉售與促銷，但是，儘管收購了類似家得寶的倉庫型連鎖店家居倉庫（Home Quarters Warehouse），好新閣卻未能做出有效競爭所需要的深層事業模式變革。在 19 個州（包括該公司長期制霸的華盛頓特區市場）遭遇新競爭之下，好新閣開始關閉商店，到了 1997 年，持續虧損的該公司被收購[1]，並於 1999 年申請破產保護，而且最終未能成功重整，請見圖 3-8。

投資資本報酬樹顯示導致此競爭結果的事業模式根本差異，它展示了把解決問題的成分分解法應用於企業情況的益處。

圖 3-9 是更廣泛版本的投資資本報酬樹，我們把幾枝樹枝加以擴展，以凸顯影響投資資本報酬率的槓桿，或許能幫助你處理其他的事業問題。

圖 3-8　營收與營業淨利──好新閣 vs. 家得寶，1983-1996 年

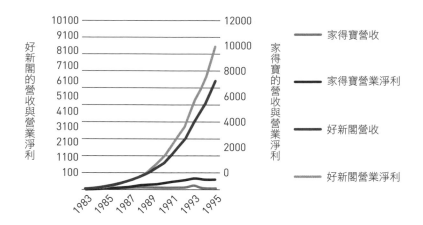

　　在前述兩家五金公司的比較分析中，邏輯樹的目的是投資資本報酬，樹枝包括獲利力及資產生產力，它們是數學上導致家得寶和好新閣這兩個競爭者的營運及財務成果差異性的因子。凸顯了這兩家不同的事業模式最終如何導致財務績效水準差異，進而了解這兩家公司在市場上的前景。〔使用資本報酬樹時必須小心的是，通常使用的資本與獲利定義是會計帳定義（因此受限於折舊之類的會計規則），而非現金或重置成本的定義。你可以計算商店之類核心資產的重置成本，並使用現金獲利力，把這些結果拿來和使用會計帳定義計算出來的結果互相比較，可能有幫助。〕

案例 3：　舊金山病患照護成效

　　為展示演繹邏輯樹能帶來的釐清成效，以下介紹一個新案例──改

圖 3-9　影響投資資本報酬率的槓桿（零售事業）

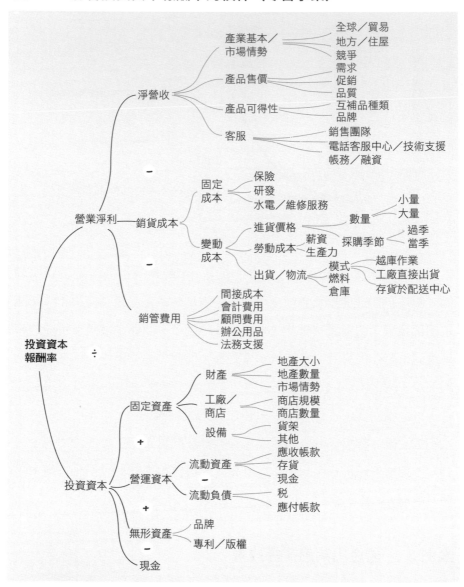

善舊金山灣區的醫院護理品質。查爾斯在服務的基金會裡觀察到一支團隊如何處理這項問題，該團隊想改善舊金山的病患照護成效。在醫院裡，病患的照護工作有高達九成仰賴護士，美國每年因為種種病患照護上的失誤而喪命者超過 10 萬人，特別是敗血症、呼吸器感染的肺炎、醫院內感染及藥物錯誤等造成的病患喪命。加州及其他地區存在嚴重的護士短缺，研究顯示，每位註冊護理師負責照護的病患數增加，病患死亡率將提高。改進這個問題將使得每一個人獲益良多。

團隊在展開工作之初就建構了一個相當簡單明瞭的演繹邏輯樹，聚焦於增加訓練有素的護校畢業生數量，以及改進現有註冊護理師的技能與實務。

藉由建構演繹邏輯樹（參見圖 3-10）以及後來的更精進版本，這家團隊得以把注意力聚焦於影響護理師數量與技能水準的重要因素，這讓團隊得以使用資料及分析來研判哪些槓桿（因素）最有助於改善病患照護成效，哪些因素的處理具有成本效益。他們研擬一系列處理這些槓桿的策略，包括：

- 透過設立新的護理學校，增加訓練有素的新護士。
- 在醫院裡推行有證據佐證的護理實務。
- 改善對前線護理領導的支持。
- 改善病患從醫院向外的銜接照護。

投資在此問題 12 年後，此基金會的資助顯著幫助增加舊金山的護理師供給，新增了超過 4,500 名註冊護理師，改進護理學校的課程，病

圖 3-10　改善病患照護成效——演繹邏輯樹

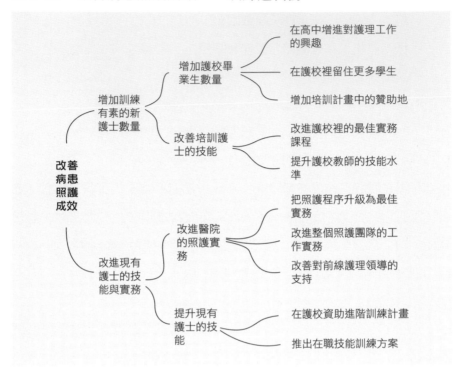

患血流感染及再度住院率降低，估計一年拯救 1,000 名病患免於敗血症。優秀地解決問題真的很重要。

歸納邏輯樹

歸納邏輯樹是演繹邏輯樹的相反，名稱源自「歸納推理法」，歸納推理是從特定觀察推出通則。以下是一個歸納推理的例子：

- 觀察：莎莉是個錶匠，她戴眼鏡。
- 觀察：肖恩是個錶匠，他戴眼鏡。
- 觀察：史蒂芬是個錶匠，他戴眼鏡。
- 歸納斷言：錶匠一般都戴眼鏡。

當我們對於感興趣的問題背後通則所知不多、但有特定事例或情境的資料或洞見時，我們使用歸納邏輯樹。歸納邏輯樹展示機率，不是因果關係：你見過的所有天鵝都是白色，並不意味所有天鵝都是白色（澳洲有黑天鵝[2]）。在許多情況下，你會建構歸納邏輯樹，也會建構演繹邏輯樹，你會想到一些比較大的因素和通則，你會想到或查到你正探索的成功計畫例子，因此，你既從樹幹摸索也從樹葉摸索，慢慢地、迭代地理出一些頭緒。

案例 4： 處理爭議性的歷史遺產──從歸納思考到決策樹

從近年爭議性雕像及公立紀念館的新聞報導中可以看到，一些歷史文物所記錄或紀念的價值觀與現代價值觀不一致，引發了大眾關注及爭議，最初是大學校園裡的運動人士發起的，現在則是市政當局和其他機構。身為有著複雜歷史遺產的羅德信託（Rhodes Trust）執行長，查爾斯也為這些問題傷透腦筋。

查爾斯觀察到每個歷史文物在面臨這種問題時，採取隨機應變的方法；在來自利益團體及外面評論者的施壓下，機構決策者從一個決策改換為另一個決策，而且往往是前後相反的決策，沒有一套清楚的原則來

指引他們。優秀的道德推理需要道理，查爾斯認為，若能建立一些有關如何處理歷史人物文物的原則，將可改善這類辯論。這件事情有點複雜，縱使是我們偏愛的歷史人物，他在當年抱持的觀點也可能在今天被世人唾棄，因此這框架不能只考慮到歷史上的壞傢伙，也必須考慮到腓特烈‧道格拉斯（Frederick Douglass）、湯瑪斯‧傑弗遜（Thomas Jefferson）、華特‧惠特曼（Walt Whitman）及甘地之類的人物。

　　事實證明，這是一個重要的洞見。查爾斯的團隊展開歸納推理，我們檢視大量歷史人物的大量資訊，甚至還有如何評價他們的一致看法。例如，我們把湯瑪斯‧傑弗遜拿來和其他擁有奴隸的總統的聲譽互相比較，我們檢視紀念爭議性歷史人物的歷史文物或歷史遺產，例如耶魯大學有紀念前美國國務卿約翰‧考宏（John C. Calhoun）的考宏學院及其雕像（譯註：因為考宏支持奴隸制，2010 年代的學生運動要求該學院改名，最終該學院於 2017 年改名為 Hopper College）、西元 43 年入侵大不列顛的羅馬將軍奧魯斯‧普勞提烏斯（Aulus Plautius，譯註：據傳他曾鎮壓奴隸起義）。查爾斯的團隊從人們對這些歷史人物的看法著手與回溯，梳理出一些判斷通則。起初，他們只有一張用以判斷或評價的門檻疑問清單，但不清楚這些疑問的重要程度層級，如圖 3-11 所示。

　　經過一些密集的白板討論決定這些原則的層級或順序後，查爾斯的團隊得出一個決策樹（參見圖 3-12），處理這類困難的歷史遺產。

　　你可能贊同或不贊同此團隊提出的門檻疑問和補救措施[3]，但我們希望對爭議性人物進行歸納推理有幫助，並參考往昔的道德或行為準則，腦力激盪出一些務實原則，以此建立一個決策樹，將能更有條理地指引行動。

圖 3-11　歷史文物與爭議性人物──先決問題

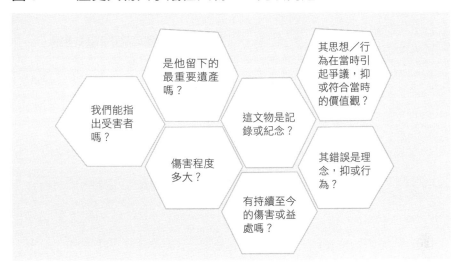

步驟 3：排序──修剪邏輯樹

　　解決問題時，研判不做什麼的重要性不亞於研判做什麼，把排序的工作做好，將能以更少的工夫，更快速地得出解方。想要初步邏輯樹是 MECE，以確保我們擁有問題的所有部分，但在分解後，我們不想保留那些對問題只有小影響的元素，或是那些我們難以或不可能做出影響的元素。因此在開始投資可觀時間與心力去做工作計畫與分析之前，必須修剪邏輯樹。

　　我們發現，圖 3-13 中的 2×2 矩陣是能決定先對哪些槓桿下工夫的實用工具，這裡以太平洋鮭案例為示範。左邊軸代表各個槓桿或樹枝相對於試圖解決的整個問題（在此例中指的是鮭魚數量與多樣性）的潛在

圖表 3-12 歷史文物與爭議性人物

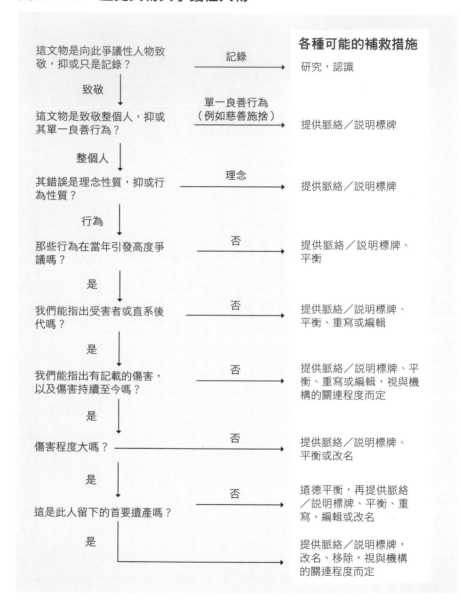

		各種可能的補救措施
這文物是向此爭議性人物致敬，抑或只是記錄？	記錄 →	研究，認識
致敬 ↓		
這文物是致敬整個人，抑或其單一良善行為？	單一良善行為（例如慈善施捨）→	提供脈絡／說明標牌
整個人 ↓		
其錯誤是理念性質，抑或行為性質？	理念 →	提供脈絡／說明標牌
行為 ↓		
那些行為在當年引發高度爭議嗎？	否 →	提供脈絡／說明標牌、平衡
是 ↓		
我們能指出受害者或直系後代嗎？	否 →	提供脈絡／說明標牌、平衡、重寫或編輯
是 ↓		
我們能指出有記載的傷害，以及傷害持續至今嗎？	否 →	提供脈絡／說明標牌、平衡、重寫或編輯，視與機構的關連程度而定
是 ↓		
傷害程度大嗎？	否 →	提供脈絡／說明標牌、平衡或改名
是 ↓		
這是此人留下的首要遺產嗎？	否 →	道德平衡，再提供脈絡／說明標牌、平衡、重寫、編輯或改名
是 ↓		提供脈絡／說明標牌，改名、移除，視與機構的關連程度而定

圖 3-13 用矩陣分析來決定排序

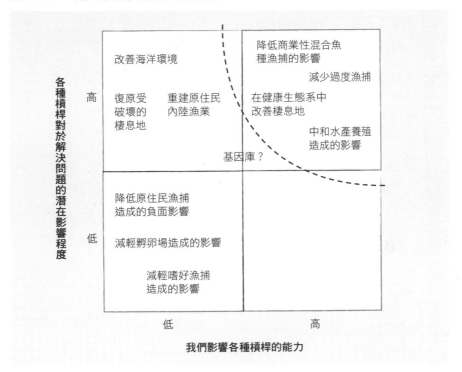

影響程度有多大，下軸代表你影響各個槓桿的能力，亦即你撬動槓桿的能力。

你可以從這個矩陣看出，一些排序的決定其實相當簡單明瞭：儘管有一個大型基金會提供的資源，我們的團隊無法冀望能夠影響氣候條件，雖然氣候是影響海洋生產力——為海中的幼小鮭魚提供食物——的主要因素。所以雖然這支槓桿對鮭魚的數量及多樣性有顯著影響，我們還是必須把它裁掉。

其次，孵卵場及「海洋放流」（ocean ranching，把人工培育的鮭魚放流於海洋，冀望牠們返回而被捕）的影響並非不顯著——這些鮭魚和野生鮭魚競爭食物，而且可能經由近親繁殖而導致基因滲入，但在初步分解問題後，我們把它從優先行動中刪除。雖然沒什麼證據證明這些實務的淨增補或成本效益報酬，但孵卵場提供了大量工作機會，而且有來自原住民團體和嗜好及商業漁捕者的大力支持，是我們難以撬動的槓桿。

你可以從圖 3-13 中看出，我們也沒有優先投資於復原鮭魚分布區南邊受到破壞的生態系。我們非常掙扎這項決定，但是相較於保護比較原始的北邊生態系的成本，復原南區的成本明顯較高。而且氣候變遷對這些南區生態系水溫的影響增大，這意味的是，無法保證任何復原成果能持久。

基於迭代精神，日後可以再度檢視問題的背景，看看若是問題陳述中的限制放寬了，是否會讓先前被你剪掉的樹枝變得有所不同。太平洋鮭計畫推行的 15 年間，我們有針對性的投資，限制孵卵場的擴展及影響，不過這個槓桿從未變成重要焦點。一般來說，對解決方案空間嚴格地定義問題，比較快得出解答，但是這有時會犧牲創意。方法之一是試著放鬆其中一個限制，看看解方集是否開展得夠顯著而值得多花工夫、時間及必要投資，進而使那些選擇項變得可行。[4]

進階班：使用分解框架來分解問題

前面幾節探討了各種邏輯樹、分解問題的基本架構、以及研判各個

種子問題（或槓桿）的排序。我們處理解決問題流程的初步階段，此時，我們的所知與了解僅足以把問題分解成基本因素或槓桿，或是從特定事例歸納出通則，我們檢視了能使用演繹邏輯樹及決策樹以特定假說得出足夠資訊的問題。從這些探討中可以看出，除了 MECE 原則，沒有絕對正確或錯誤的建構邏輯樹方法，而且邏輯樹種類往往重疊，假說樹的邏輯可能是演繹性質，而歸納推理可以產生有助益的決策樹。

接下來的探討內容將進入另一層次。專業的解決問題者常使用既有的框架或理論來更快速、更俐落地把問題分解成能獲得論點的多個部分，前文的「五金公司競爭戰案例」可以看到這點，在此案例中，使用了一種演繹邏輯樹：投資資本報酬樹。許多企業問題都可以使用這種問題分解法，因為它非常清楚地呈現營收的槓桿（價格、數量、市場占有率），以及成本的槓桿（固定成本、變動成本、間接成本），以及這些槓桿之間的數學關係。這種邏輯樹也讓「若⋯⋯，會怎樣？」（what-if）的情境分析變得更容易，例如，使用這種邏輯樹，可以相當容易地模擬利基市場產品策略和廣泛市場產品策略，讓你的團隊辯論各種結果的背後假說是否切合實際。我們把這種分析稱為「你必須相信什麼，才能接受這個」（what would you have to believe）的分析。

資本報酬樹非常有助於分解企業問題，得出洞見，還有其他的理論架構或框架對分解問題也很實用，圖 3-14 展示用於各種問題的分解框架工具箱。優秀的解決問題者擁有類似的工具箱做為看出潛在解方的透鏡，他們嘗試一或多種理論框架，看看哪一種可能最適合解決手邊的問題。他們常會結合多種框架，推進解決特定問題。為了更清楚闡釋這

點，下文說明其中框架。

我們先繼續聚焦在企業問題。許多的公司績效與競爭問題，有各種框架幫助快速凸顯可能的解方，在此列出的並不是所有的框架，許多問題結合了不只一個框架的元素。以下是框架的簡略介紹：

- **價格／數量**：資本報酬樹中的要素之一是聚焦於產品價格與數量的營收因子樹枝，這個框架提出有關競爭賽局的疑問：有差異化的產品或商品嗎？是競爭市場抑或由少數幾個廠商把持的寡占市場？每一個疑問有不同的動力，優秀的解決問題者會把這些疑問放入的問題分解與研究計畫裡。這裡涉及的元素包括市場占有率的假說、新產品入市、採用率、價格與所得彈性。

- **委託人／代理人**：委託人／代理人類型的問題發生在當企業的特定活動交由代理人（例如承包商或員工）為委託人（例如投資者或經理人）執行時，這在商界非常普遍。這類問題的核心是，當委託人對代理人的作業缺乏全面視野或掌控時，必須創造誘因架構以校準委託人和代理人的利益。最好的誘因架構為投資人提供優良、可查核的成果，為承辦人提供合理的收入，這聽起來容易，其實不然。這類問題不僅出現把工作委託或外包的情況，也出現在任何二手資產銷售市場，以及任何保險問題。

- **資產／選擇權**：一家公司掌控或購買的資產都為未來的策略行動創造具有可觀價值的選擇權。羅伯為一家澳洲礦業公司提供顧問服務，該公司請羅伯的團隊評估一個礦藏地的投資計畫，羅伯的團隊發現，為了開採這礦藏而需要在港口及鐵路基礎建設上的投

圖 3-14　分解企業問題的框架

框架	元素	例子
價格／數量	市場佔有率、知名度、試驗、重複購買、彈性	» 產品上市策略
合作／競爭	在何處競爭、如何競爭、建立聲譽、發出訊號	» 任何競爭情況 » CSIRO 的 WiFi 智慧財產權
市場／競爭能力	機會、競爭地位、能力、資源	» 進入／新創 » 必和必拓集團（BHP）
投資／成果	成長／市場佔有率、探勘 vs. 開採、破壞性新進者	» 活動資產組合 » 必和必拓集團
利潤／資產週轉率	資本報酬率、評價各種選擇	» 建構事業模式 » 家得寶 vs. 好新閣
規模／範疇	大小 vs. 廣度	» 社交媒體平台
資本／非資本	承租、擁有、借貸、分攤、零基預算（zero-basing）	» 資產效率 » 優步（Uber）、愛彼迎（Airbnb）
委託人／代理人	校準誘因、監督	» 薪酬制度、保險問題、二手資產市場
資產／選擇權	評估潛力（實質與潛在價值）、賣權／買權	» 多方投資賽局
顧客／股東	互競立場	

資，將對許多附近礦藏地創造巨大價值的選擇權，這將使該公司成為價值億萬的「自然業主」natural owner，羅伯同事約翰·史塔基〔John Stuckey〕發展出的「資產／選擇權」概念。第 8 章將更詳細討論這個案例。

- **合作／競爭**：任何事業策略都需要考慮競爭對手的可能反應，每個公司必須決定是否願意在何處從事激烈競爭（例如根據訂價或大型投資），以及基於市場或其他競爭者，它不願在何處進行激烈競爭。這個框架的工具及元素來自賽局理論，包括多方賽局及聲譽的概念。我們特在後文中討論的澳洲聯邦科學與工業研究組織（CSIRO）WiFi 智慧財產權的例子，就是使用這個框架來決定是否要打官司來保護智慧財產權。

在社會問題方面，政策領域還有許多實用的框架，如圖 3-15 所示，其中大多數是你熟悉的。

- **管制／獎勵**：政策制定者常面臨增加法規來解決一個問題，抑或使用稅負、補助或助推政策來獎勵人們或廠商進行期望行為的選擇，在污染及其他外部問題上，常使用這個框架。
- **平等／自由**：許多為解決社會問題的政策決策面臨的基本框架是：應該鼓勵人民之間的更高平等，抑或容許更多的個人自由。所有涉及稅負／支出的政策，都有這個框架的元素。
- **減緩／調適**：這個框架對比的是減緩某個因素導致傷害的政策以及調適此因素的政策。有關於氣候變遷問題的辯論，常使用這個

圖 3-15　用於分解社會／公民問題的一些框架

框架	元素	例子
需求／供給	我們能獲得更多嗎？ vs. 我們能減少使用嗎？	* 水、二氧化碳、能源、交通
發生率／嚴重程度	社會風險；種類、程度、任何傷害風險	* 恐怖行動、醫療照護、禽流感
創造／重新分配	獎勵措施、生產 vs. 稅賦	* 稅賦、稅額減免、資本利得、所有權
減緩／調適	減輕傷害、處理傷害，適應力	* 環境、氣候變遷、暴力、藥物使用
管制／獎勵	市場設計、財產權、監管設計	* 總量管制與排放權交易 vs. 碳稅、水權、河流保護區
平等／自由	社區需要、個人權利	* 槍隻管制、藥物政策

框架。

- **供給／需求**：這個框架處理諸如「能獲得更多嗎？」vs.「能減少使用嗎？」之類的疑問，處理供給、醫療照護及能源之類的問題，常使用此透鏡。

案例 5：　減輕氣候變遷及成本曲線

　　氣候變遷是特別棘手的問題，常用「減緩／調適」或「發生率／嚴重程度（想想吉里巴斯共和國僅高於海平面一米！）」的框架來分解此

問題。查爾斯與羅伯認為,「供給／需求」這框架特別有用:展示各類活動減少二氧化碳排放量(以噸為單位)的報酬或成本,此稱為成本曲線,曲線左邊段是成本較低的活動,右邊段是成本較高的活動。[5]

從圖3-16可以清楚地看出,有大量的減緩活動能對私人公司及個人帶來正報酬,這意味的是,良好的教育行動以及對投資成本給予稅額減免的獎勵,有助於減少大量二氧化碳排放。次級的活動大多是農業及土

圖3-16　使用「供給／需求」框架來分解問題

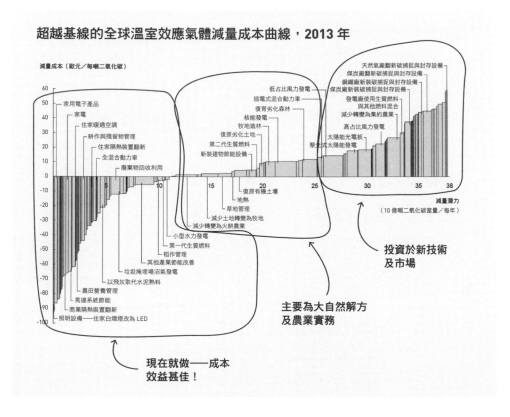

地使用這塊領域（林地復育、復原劣化土地、避免毀林），它們的投資成本相對於二氧化碳排量減少帶來的報酬而言較小。第三類是較長期性質的活動，需要在新技術及市場方面做出可觀的私人及社會投資。我們認為，這個分解框架為問題的減緩／調適透鏡提供了一個有用的對比，當我們只看個人或企業的碳足跡時（參見圖 3-17），往往會忽略聚集多方行動以達成更大成果的機會。

解決個人問題時，分解框架也有幫助，企業投資決策使用的許多框架也適用於個人決策，例如前文談到羅伯的安裝太陽能板決策。其他對解決個人問題有幫助的框架包括：

- **工作／玩樂**：工作多少、工作多久和非工作的興趣之間的權衡（例如，何時退休、儲蓄是否充足）。
- **近期／長期**：另一個相關類別的個人決策聚焦於較近期決策（例如投資在教育）和較長期且更不確定的未來可能性（例如 20 年

圖 3-17　分解框架──個人

框架	元素	例子
工作／玩樂	悠閒 vs. 努力	* 選擇一個職業 * 減重
近期／長期	花費 vs. 投資	* 教育 * 太陽能板 * 退休儲蓄
財務／非財務	價值	* 居住何處

後將需要什麼技能）之間的權衡。

- **財務／非財務**：諸如搬遷至新屋或換工作的決策的另一個財務考量點（例如新城市的房價如何？），以及非財務性質元素（例如新城市的學校夠好嗎？）。

　　分解問題的最有效方法是從一個特定的分解框架著手，再做一些粗略計算，確定能提供論點，例如二氧化碳減量成本曲線非常明顯地支援「供給／需求」分解法。

　　這裡舉一個應用例子。澳洲大自然保護協會（The Nature Conservancy Australia，簡稱 TNCA）的團隊研究哮喘問題時，羅伯主張應該聚焦於西雪梨，評估城市綠地對於哮喘住院率的影響。根據一些初步的比較資料，羅伯得出一個假說：公園及其他綠地有助於降低哮喘發生率及嚴重程度。他決定使用「發生率／嚴重程度」這個分解框架，起先只是因為這是他在其他理事會提出事故與傷害分析報告時熟悉的一種框架，他必須說服 TNCA 的團隊相信，用這個分解法來處理哮喘問題，可以獲得有用的論點。羅伯使用可得的資料，說明應該聚焦於西雪梨的理由[6]：

一、西雪梨地區 16 歲以上成年人的哮喘發生率比北雪梨地區高出 10%。在經濟合作發展組織的研究報告中，澳洲的哮喘發生率第一。

二、以住院率來衡量的哮喘嚴重程度，西雪梨比北雪梨高出 65%，死亡率高出 54%。也就是說西雪梨地區的哮喘發生率較高，但嚴重程度遠遠更高。

三、證據指出，城市綠地不足是導致哮喘嚴重程度加劇的一個潛在原因。據估計，西雪梨地區的林木覆蓋面積為 15% 至 20%，北雪梨地區為 30% 至 40%。此外，西雪梨的每日最大懸浮微粒值（PM 2.5）比北雪梨高出 54%。樹木呼吸作用有助於吸收懸浮微粒，這是第 6 章提到的倫敦空氣品質案例。

　　根據這項解析，TNCA 團隊發展出一個實驗設計，有系統地探索「發生率／嚴重程度」分解出來的城市綠地問題。

　　前述所有關於使用理論框架或概念來幫助分解問題的討論，目的是找到一個能揭露洞見的方法來切入問題。不同的框架通常會得出不同的洞見，因此有必要嘗試幾種框架。通常，你也可以把解決社會問題的框架應用於企業問題，反之亦然。看到經驗豐富的解決問題者快速地把困難問題分解成提供洞見的多個部分，自然令人欽羨，但是，「我以前見過這種情況，這是 X 型問題」這種認定有潛在危險性，我們往往透過以往奏效的心智模式（這是「框架」的另一個名詞）來看世界。當我們遇到很新穎的問題時，我們有時會堅持在新的、不同的背景脈絡中使用無助益或可能誤導的框架。長達多個世紀，天文學家認為太陽繞著地球轉，當遭遇不易解決的重要航行問題時，這根深柢固的框架導致他們抓破頭也想不通！下一節探討有助於加快解決問題、並且避開錯誤的型態辨識陷阱的團隊流程。

分解問題和排序步驟的團隊流程

　　團隊合作對於這些解決問題步驟有很大的幫助，獨自解決問題者應該考慮請家人或朋友協助。因為通常難以看出問題的結構，團隊腦力激盪非常有幫助，尤其是在嘗試不同的分解框架時。查爾斯和羅伯都覺得很實用的方法是，使用大尺寸的黃色便利貼來記錄團隊成員對初步邏輯樹元素的看法，如圖 3-18 所示。隨著樹幹、樹枝、細枝及樹葉的順序與層級變得更清晰，你們能移動白板上的便利貼。

　　雖然，參考文獻以尋找問題的最佳實務有所幫助，但個人往往會執著初始分解法，而且如前文所述，倚賴那些外部觀點，可能導致使用不

圖 3-18　團隊流程：用便利貼記錄團隊成員的看法

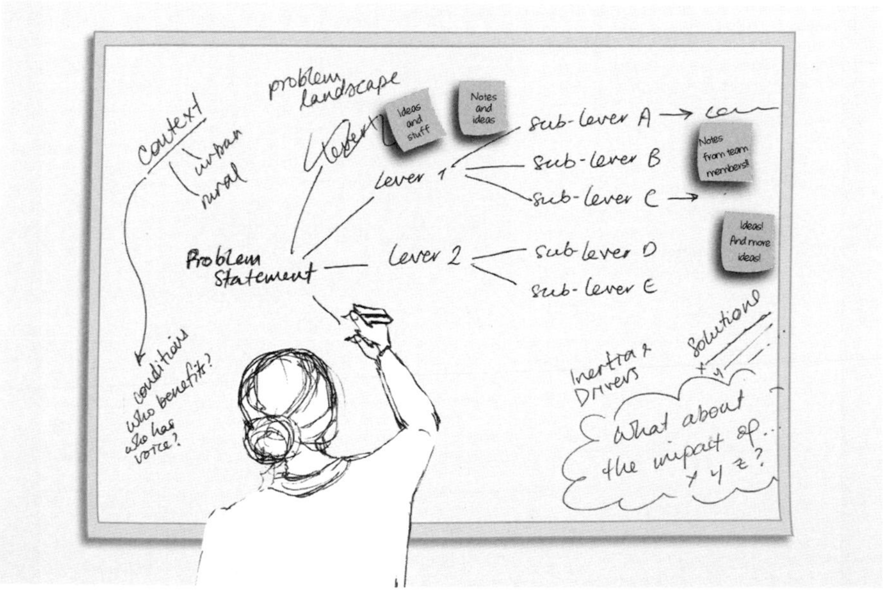

正確的框架。就算是專家，也可能會發生這種情形，或者應該說，專家特別會發生這種情形。使用建設性的質疑以及思考「你必須相信什麼，才能接受這個」的疑問，可幫助流程不墨守成規，促進解方的創意。在「排序」這個步驟，團隊腦力激盪能有效避免執著，我們使用的另一種方法是，給每個團隊成員 10 張便利貼，代表每人有 10 票，可以在對排序進行投票表決時使用（參見圖 3-19）。

分解問題是優秀地解決問題流程中最重要的一個步驟，本章示範了各種邏輯樹，我們鼓勵你從一種邏輯樹著手，填入已經知道的東西。我們也示範了如何進一步迭代邏輯樹得出改進方案。

圖 3-19　投票表決流程

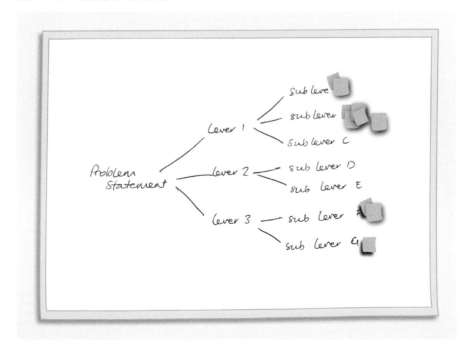

創意往往可能來自分解問題的方式，如同所舉的例子，分解問題為解決問題流程注入藝術與科學成分。在本章，思考與回想如何選擇以特定方式分解問題，整理出一張分解企業問題及生活中遭遇到問題的分解法清單。

本章重點 ————

- 分解問題是優秀的解決問題流程中非常重要的步驟，它把問題分解成我們可以應付的多個部分，讓我們開始看出問題的結構。

- 當你剛起步、而且所知不多時，從簡單的因素或成分樹著手；稍後再朝向使用較複雜的演繹邏輯樹與決策樹。

- 當你對細節問題（邏輯樹中的樹葉）知道的比較多，對根本原因知道的比較少時，可以用歸納邏輯樹往回推。

- 看看能否使邏輯樹結構變得既彼此獨立（各樹枝不相互重疊），且全無遺漏（沒有遺漏的樹枝）。

- 企業問題幾乎可以用獲利槓桿樹或資本報酬樹著手。

- 在變得更有經驗後，嘗試本章後面更廣泛的分解框架；不同的問題分解法將得出不同的洞見。

- 建立一個好的邏輯樹結構後，接下來的重要步驟是決定各部分的排序。嘗試把所有的細枝及樹葉放進一個由兩軸（它們對問題的潛在影響程度以及能使上力的程度）構成的矩陣裡，藉此來修剪邏輯樹並決定排序。把早期行動聚焦於能撬動的大槓桿！

換你試試看 ————

一、針對事業或非營利組織的一個成長機會，建立一個用以解析此機會的邏輯樹，先使用歸納邏輯再使用演繹邏輯。

二、嘗試建立一個以算術關係表達此成長機會的邏輯樹。

三、為事業計畫中的前 6 個優先要務建立一個排序分析矩陣。根據評估，應該用資源擴大哪些項目？放緩或中止哪些項目？

四、還可以如何分解護士供給問題？

五、對於第 1 章提到的機場容量問題，你能以更具說服力的方法分解它嗎？

第 4 章

建立優秀的工作計畫及團隊流程

計畫

一些問題的解決方法很容易，只需要一張紙或一個白板、一個計算機、網際網路連結以取得資料或專家意見。第 1 章談到的遷居何處案例大致上就是這樣，召開家庭會議，討論每個家庭成員認為重要的城鎮特徵，大家對於各特徵的權值比重得出共同意見（越野跑的可得性比飛蠅

釣的可得性更為重要嗎？通勤距離與時間呢？），上網查詢與這些變數相關的資料，把資料規格化，轉換成 1 至 100 的評分，輸入試算表看看得出什麼結果。無疑地這是一個重要決策，但不是一個需要很複雜、需要邏輯思考與推理的決策。

不過縱使是相當簡單明瞭的個人計畫，也可能很快變得複雜起來。以羅伯的「我該在屋頂安裝太陽能板嗎？」邏輯樹與分析為例：他必須計算相較於電費及所需要的投資，安裝太陽能板帶來的成本節省的潛在價值；他必須預測電力公司回購過剩電力的價格會不會改變，以及太陽能板會不會繼續變得更便宜；他必須估計自己的碳足跡，計算這項投資是否能顯著減少他對氣候變遷造成的影響。從第 1 章的說明可以看出，這些分析難不倒一個聰明的擁屋自住者，但若羅伯沒有事先做些思考，規畫這些分析，他可能會浪費很多時間與心力。

你也許想略過這一章，相較於上一章的邏輯分解樹或是第 6 章的大數據方法的使用，這章似乎枯燥乏味。奉勸你，千萬別這麼做！在解決問題時找到關鍵路徑就會開始感受到趣味，而非覺得乏味苦悶。關鍵路徑是第 3 章敘述的步驟 3（排序）的延續，它意味著把你用以解決問題的分析聚焦在高排序項目，著力於那些最有可能得出洞見的部分。規畫工作以及在初始計畫後經常迭代，這些是保持在關鍵路徑上的方法。

若你和團隊一起解決問題，或是聽取親友意見形成類似團隊模式，工作計畫就是要把一開始的假說變得具體，釐清你想從分析步驟得出什麼成果、分派工作、讓每一個人知道他們要做什麼事以及在何時之前完成。此時也是進一步建立與強化優秀團隊流程的時候，避免確認偏誤和

其他在解決問題過程常犯的錯誤。

本章介紹工作規畫及專案管理的最佳實務，舉例說明如何把邏輯樹中的假說轉化成分析計畫，我們將討論從假說中產生「一日解答」的最佳實務。最後我們將介紹更多團隊流程及範式，幫助激發創意，解決問題流程中的偏見與認知錯誤。

工作規畫及專案管理

很多人有工作規畫及專案管理的經驗，但我們坦誠面對事實吧，那些經驗大概蠻糟的：工作計畫冗長、充滿很快就過時的細節、訂定的職責及時間期望含糊不清而且往往做不到，在團隊的後續會議中太常出現令人不滿的意外──「我以為你會去訪談約翰‧史諾」、「這不是我期望看到的東西！」

基於這些原因，我們在麥肯錫學會用一些竅門來做工作規畫（參見圖 4-1）。

這些工作規畫意味的是，我們不做任何沒有假說的分析；我們從不在不清楚模型旨在回答什麼疑問之前，就建立此模型。我們要求必須想像分析可能產生什麼形式的成果（稱之為「虛擬圖表」〔dummying the chart〕），這樣才能知道得出這種成果時，我們要還是不要。我們有條理地安排各項分析順序，先做能夠剔除（knock-out）後面分析的那些分析。我們非常明確地訂定誰做什麼分析以及交差日期。這些明確性使我們節省很多不必要之事的時間。把這些做好就會得出如（圖 4-2）所示

圖 4-1　麥肯錫規畫工作的訣竅

什麼	為什麼
1. 我們不做沒有很清楚而且可以檢驗的假說做為根據的分析。	不能有含糊的「我將研究 X 或 Y」。
2. 我們通常從清晰想像的虛擬結果往回推。	每一個分析都是由對解決問題有所貢獻的因素所驅動。
3. 我們非常注意分析的順序。	先做剔除分析（knock-out analyses）。
4. 我們很明確地訂定誰做什麼分析及交差日期。	職責或截止日期絕對不能含糊不明。
5. 我們有僅僅為期 2-3 週的工作計畫，以及為後面期間草擬的較長期研究計畫。	早期的分析往往會改變計畫。

的工作計畫。

我們在第 3 章介紹了舊金山護士供給案例，圖 4-3 示範處理此問題的工作計畫，你可以看到在每一個層次——問題、假說、分析、資料來源、職責及產品——的明確性。

人類傾向在「不清楚解決問題需要什麼分析結果」之前就開始做分析，團隊成員似乎更花時間在建立模型和進行複雜分析，而不是先弄清楚他們真正想從分析獲得什麼成果。現在，有了更強大的分析工具——包括第 6 章將討論的人工智慧機器學習運算法，這種「未先思考問題的根本結構就開始鑽研資料」的衝動比以往更強烈。你應該避免這種傾

圖 4-2　模範工作計畫

	問題	假說	分析	資料來源	職責與交差日	成品
定義	· 從邏輯樹的終端（樹葉）起始。 · 一個問題的定義可能是「一個重要疑問」，或是「一個未解的疑問」。問題必須陳述成可以回答「是」或「否」，以及可以決定是否要採取行動。	· 假說是問題的可能解方的陳述，其中包含回答「是」或「否」的理由。	· 分析指探索有關於「模型」的陳述（假說），以決定是否贊同此假說，從而解決問題。	· 資料來源指出取得進行分析所需要的資料的出處或方法。	· 負責提交成品或中間產出的團隊成員及交差日	· 展示關係或無關係的圖表設計
行動	· 務必盡可能仔細地陳述每個問題。 · 必要時，定義子問題。	· 列出所有假說，使用： » 前線人員的看法 » 自己的看法 » 同事的看法 » 團隊成員的討論 » 修改的假說 » 調整順序供分析	· 指出要做的決策 · 決定需要的分析程度 · 簡單案例 · 複雜的合理化	· 指出現成可得的資料 · 決定方法	· 決定誰將協助收集資料及做分析 · 決定時間範圍及里程碑	· 繪出「虛設」圖表 · 建立故事情節

向，我們鼓勵你在開始鑽研數據之前，先仔細思考問題的結構以及期望從分析獲得什麼成果。

如前文所述，做分析的順序很重要，若你周詳地規畫工作，你會先做剔除分析，接著做真正重要的分析，最後才做「沒做無妨、有做則加分」的分析。在羅伯安裝太陽能板的案例中，在可能的電價情況下，投資回收年數是一項剔除分析：若投資回收需要花太長年數或不確定，就

圖 4-3　工作計畫──舊金山護士供給案例

問題	假說	分析	資料來源	職責與交差日	成品
為何讀護校的學生變少了？	對護校的需求仍高，但培育出的護士減少。	·評估申請護校的符合資格學生，註冊入學人數，以及輟學人數。 ·舊金山護校數量及規模。 ·辨識培育出的護士減少的原因。	·加州註冊護理師管理局 ·美國護理學院協會 ·訪談護校教務長	·麗茲（星期一早上9點前，祝週末愉快！） ·雷伊（本週結束前） ·愛莫莉（下週二之前）	·護理工作地、護校申請核准率的縱向圖 ·護校入學學生減少因素分析 ·訪談結果
為何醫院的註冊護理師離職率高？	醫院的註冊護理師比預期的提早退休，或是離職轉任其他醫院或職業。	·把醫院註冊護理師退休的平均年齡拿來相較於其他註冊護理師及職業的平均退休年齡。	·加州註冊護理師管理局 ·全州護理師調查	·瑪格麗特（3月底前） ·保羅（3月底前）	·退休年齡縱向圖 ·理由的因素分析 ·調查結果

沒必要繼續做其他的分析了。羅伯第二個重要疑問是：太陽能板成本是否繼續下滑而持續等待？在投資決策中時機很重要，縱使投資的整體理由很強時亦然。羅伯和寶拉致力於大自然保護，但在此案例中，估計減少碳足跡（第三個疑問）是一個「沒做無妨、有做則加分」的分析。我們的投資分析估計這項投資有 25% 報酬率，比當前的任何利率都要高；若投資報酬率較弱，減少碳足跡的考量仍會促使羅伯安裝太陽能板，因此在邏輯樹中包含這個是重要的，萬一原先預期的成本節省未能實現，

「減少碳足跡」可以減輕羅伯和寶拉的負面情緒。

　　剔除分析涉及估計變數的重要程度，以及能對此變數做出多少程度的影響，這是一種期望值估計，來自第 3 章的排序矩陣。做了大致的剔除分析後，你會結論不值得做哪些探索。舉例而言，羅伯的一個客戶公司想降低成本，在檢視該公司的事業單位時，剔除分析得出的結論是——外包可能獲得 50% 增益，但是這個事業單位只能對全公司的降低成本目標做出 5% 貢獻。因此我們不把降低成本的努力聚焦在這個事業單位了，改而聚焦在能夠對全公司降低目標做出更大貢獻的其他事業單位。這符合下一章討論的 80 ／ 20 法則：聚焦在能產生 80% 效益的 20% 問題上面。

短實的工作計畫和精實的專案計畫

　　微軟專案管理軟體（Microsoft Project）之類的工具可能對工作規畫極有幫助，但也可能變成必須餵養的野獸，它會產生大量的工作規畫細節，而且歷經時日不斷地增加。在查爾斯還是麥肯錫的新經理尚未發展出 7 步驟解決問題流程之前，他以通宵達旦地為團隊製作出長達 30 頁的工作計畫而聞名。但是在這麼多的細節之下，它們很可能被種種「可以做」的分析淹沒了，而沒有關鍵路徑的概念。當最初的幾項分析指出有前景的新路時，這些猶如百科全書的工作計畫很快地就變得過時了。現在我們解決問題的流程是——從假說出發，在可能之處使用粗略及現成的分析方法，經常「豚跳」資料，持續迭代以修改問題陳述和邏輯樹的了解，我們發現長篇的工作計畫通常不必要而且無益。

我們的方法是做簡短、但高度明確的工作計畫，聚焦於最重要的初步分析，可能為期 2 到 3 週，當團隊從工作中獲得新洞見時對它們做出修改。在這之外我們加上更粗略的專案計畫，通常是以甘特圖（Gantt chart）形式，內含固定的里程碑日期，並且從時間角度確保整個專案保持於軌道上。我們稱此為「短實的工作計畫和精實的專案計畫」（chunky workplans and lean project plans），參見圖 4-4。

避免超詳細、猶如百科全書的「全專案」工作計畫，沒人會想閱讀，而且 3 週後就過時了，沒人想修改它們。

一日解答

我們發現，在解決問題的流程中的任何一個時機點，敘述目前對手邊問題的了解非常有助於提高清晰度：確立已經浮現了哪些了解，以及我們和解答之間還存在哪些未知的東西；我們稱此為「一日解答」（one-day answers），它們傳達我們目前對情況、複雜性或洞見的最佳分析，以及在演進中的工作計畫及分析之間迭代後，我們目前對解方的最佳推測。這麼做，可以把資源轉向目前在解決問題過程中存在最大落差的領域，停止沒有幫助的分析。這種方法明顯不同於一般的做法——在開始解決問題之前，收集巨量資料，進行無止盡的訪談。當分析結果進來時，修改一日解答，開始把獲得的證據綜合成更完整的故事。後面將談到如何使用其他的團隊流程來避免早期建立假說時可能發生的確認偏誤。

有許多方法可以建構「一日解答」，但麥肯錫及其他機構使用的典型方法是分成三個部分：

圖 4-4　短實的工作計畫和精實的專案計畫

使用簡單扼要的 2-3 頁工作計畫來指引 2-4 週的解決問題方法

短實的工作計畫

子問題	假說	分析	資料來源	職責／交差日
績效惡化之前的普遍情況如何？	・煉油廠享有利基市場環境，但沒什麼成長。	・評估進口產品的運輸成本差額（扣除原油損失）。 ・比較 PDQ 原油成本優勢及其他替代品。 ・估計三聚磷酸的影響（殘餘價差？）	・每年石油供給 ・Oilco 世界原油價格資料（Oil Institute Centre） ・殘差分析	・克里斯（星期一） ・克里斯（本週結束前） ・內德（下週二）
什麼導致績效變差？	・市場利基地位未遭多少侵蝕，但營運成本、銷管成本和資本支出全都成長快於利潤成長。	・進行以成本來區分的完整成本評估（1988-1992 年）。 ・檢視資本支出計畫。 ・用產業最佳實務來檢驗兩者。	・年終產品 ・約翰 ・打電話給休士頓的專家 ・Soloman 報告	・鄧肯（6 月底前） ・內德（星期三） ・克里斯（下週四）

使用甘特圖來管理長時程專案

精實的專案計畫

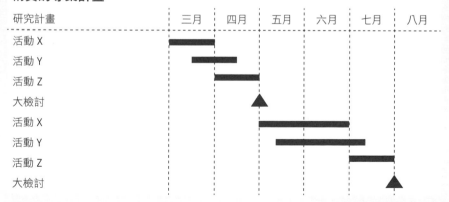

研究計畫	三月	四月	五月	六月	七月	八月
活動 X						
活動 Y						
活動 Z						
大檢討						
活動 X						
活動 Y						
活動 Z						
大檢討						

避免超詳細、猶如百科全書的「全專案」工作計畫，沒人會閱讀而且 3 週後就過時了，沒人想修改。

一、簡短敘述在解決問題之初普遍存在的情況。這是構成問題的事態。

二、對此情況的觀察或此情況的複雜性——這些緊張情勢或動態構成了問題。通常指的是發生了什麼變化或出了什麼錯而形成這個問題。

三、你目前對此問題的含義或解決方法的最佳看法。一開始，這個看法只是粗略及推測，後來將會愈來愈精進，開始能回答「我們該怎麼做？」這個疑問。

我們通常在團隊流程中使用〔情況—觀察—解答〕這個順序，但後來當你開始統合獲得的發現時，可能會倒轉這順序，把「你該做這個」放在前頭，再說明支持理由。第 7 章將更詳細解釋。

一日解答應該有條理且簡單扼要，而不是用 40 個小黑圓點的項目符號條列未經整理組織的事實。圖 4-5 提供一日解答的正確與錯誤結構對照。

以下是前文提到的五金零售公司案例的一日解答：

- **情況**：好新閣是具有悠久且成功歷史的稱霸公司，尋求擴張。
- **複雜性**：一個新競爭者家得寶以倉庫型五金大賣場模式崛起，以明顯較低的售價，驅動更快速的成長。家得寶的事業模式不同，並且以進貨經濟、較低的物流成本及較高的資產生產力來彌補較低的售價。家得寶的營運地區很快就會和好新閣重疊。
- **解答**：為了保持競爭力，好新閣必須盡快改革存貨管理及物流制

圖 4-5　一日解答的正確與錯誤結構

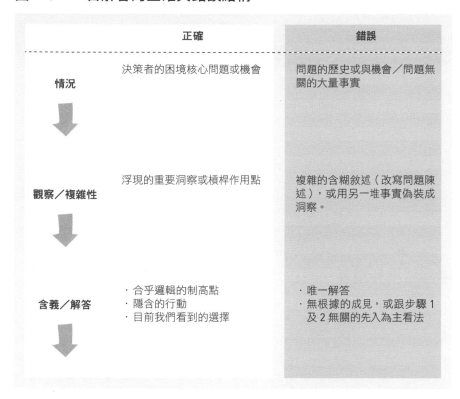

	正確	錯誤
情況	決策者的困境核心問題或機會	問題的歷史或與機會／問題無關的大量事實
觀察／複雜性	浮現的重要洞察或槓桿作用點	複雜的含糊敘述（改寫問題陳述），或用另一堆事實偽裝成洞察。
含義／解答	·合乎邏輯的制高點 ·隱含的行動 ·目前我們看到的選擇	·唯一解答 ·無根據的成見，或跟步驟 1 及 2 無關的先入為主看法

度，建立更低成本的進貨模式以低價策略勝出，否則就連它的主力市場都將面臨巨大威脅。

　　這是簡明地摘要解決問題過程中時間點的進展情形，它指引仍需完成的分析（在此案例中，指的是回答「好新閣該做什麼？」這個疑問），它提供一個可以攻擊、並且壓力測試是否存在錯誤思維的稻草

人。此外當你遇到「電梯考驗」時，它讓你有東西可說！

優良團隊的工作規畫與分析流程

幾乎人人都有團隊工作的經驗，我敢打賭，你曾有好的和糟糕的團隊工作體驗。我們的探討聚焦於解決問題，而非更廣義的優良管理實務，不過這兩者有很多的重疊處。我們發現，最優秀的團隊有較扁平的結構、優良流程與規範以及避免認知偏誤的明顯方法，下面將逐一討論。

團隊結構與領導

優秀的解決問題團隊通常有一位傑出的領導或協調人，扮演介於樂團指揮和空中交通控管員之間的角色，確保準時結合基本元素。但是最佳團隊在腦力激盪和概念形成的階段，很少使用層級組織結構。在有傳統層級制角色的較大型組織中，要採行這種無層級結構可能有難度。當我們在大型組織中工作時，總是成立有期限的臨時團隊，在正規的上級下屬組織結構之外運作，這讓團隊可以採行無層級的創意團隊流程，更可能產生好的解方。

當然這些原則也適用解決家庭層次問題，以及決策者位於政治機構層級組織中的社會規模問題。在每一個案例中，我們都嘗試讓傳統的權力人物在解決問題的流程中扮演不同於日常職務、非指揮性質的角色，產生新穎、有創意的解方。

接下來提出有關於團隊結構的一些重要洞見。

團隊規範

　　在我們的職涯中，我們見過一些以高效率解決問題的團隊，也見過東奔西竄、沒能按時交差、沒能研究出具說服力解方的團隊，縱使在定義問題、分解問題及排序等步驟都做得不錯，也可能發生後面這種情形。優秀的解決問題團隊在工作規畫及分析方面，有哪些部分做得較好呢？根據經驗，有下列重點：

一、**以假說為指引，且成品導向**：使用堅實的假說來指引工作規畫及分析，這並非指它們不管事實地試圖證明假說，恰恰相反，堅實的假說更易於質疑及做壓力測試。此處的成品通常指的是將明確地解決問題或子問題的分析。在下一章將討論的「羅伯膝關節鏡手術」案例中，建立的假說是應該現在做這項手術，然後在這項假說進行分析。他為此建立一個清楚的閾值：結果將優於什麼都不做，目前與近期沒有更好的其他技術解方。他分析的成品是完整的決策樹──他匯集相關研究以及新治療法（例如「用幹細胞修復半月板」）可能問世的最快時間。

二、**經常在假說和資料之間豚跳**：他們在面對新資料時，很有彈性；願意中止已經走入死胡同的分析，開始走有前景的新探索路線。在第 2 章介紹的阿瓦漢愛滋病毒計畫中，計畫團隊起步的開始假說在方向上有用，但無法提供行動槓桿，他們怎麼做呢？他們根據獲得的洞見──聚焦於女性性工作者和居住社

區，改走新路。先前，他們並未把這當成疾病問題的一部分來探索，但它最終產生了洞見以及一條具有深遠影響的行動路徑。

三、**尋求突破性思維，而非漸進式改進**。為此，他們探索最佳實務的效能上限及參考點以及他們離那些上限有多遠。一家使用大型重型車輛的礦業公司思考如何更快速地執行換輪胎的工作，他們自問這世上誰把換輪胎的工作做得最快，而且經驗最多，答案是「一級方程式賽車」。於是，他們造訪一級方程式賽車的中途維修站，學習如何改進換輪胎流程。這真是超有創意！

避免偏誤的團隊行為

許多讀者可能熟悉諾貝爾獎得主丹尼爾・康納曼（Daniel Kahneman）在《快思慢想》（*Thinking, Fast and Slow*）一書中向一般大眾介紹的「系統一思考型態」和「系統二思考型態」理論。[1]系統一思考是自動、直覺的，支配我們的很多行為，或許還拯救我們免於被豺狼吃了，我們的許多決策基本上是自動地做出，未經系統二思考——有意識的邏輯理性思考。任何時候當我們做以前做過而且成功的事時，大腦很可能未經有意識的思考，快速地再次選擇這途徑。就像學習說一個外語片語，第一次是有意識地辛苦學習，但歷經時日，它開始變得習慣成自然，進入自動化心智系統裡。

說一種新語言、騎腳踏車或綁鞋帶……，這種自動化心智系統很棒，但在有條理地解決問題方面就不是那麼棒了。當然，我們的解決問題法可以、也確實受益於型態辨識，當你正確地看出一特定事業問題的

最佳分解方式是使用資本報酬樹或供給曲線時，問題的解決速度就會加快，而且更正確。心理學與政治學家菲利普・泰特洛克（Philip Tetlock）在著作中指出，西洋棋大師的深度記憶系統中儲存了 5 萬至 10 萬種型態。[2] 但是，當不正確地用一個熟悉框架來看待一個新類型的問題時，可能得出錯得離譜的解方或是得費盡工夫重返正軌。這種錯誤有時被稱為「可得性捷思法」（availability heuristic，你使用的是正好便利地想到或看到的框架，而非正確框架），或「替代偏誤」（substitution bais，使用知道的一個簡單模型去替代，而不是去了解更複雜的正確模型）。縱使在框架問題時沒有發生絕對的認知錯誤，對問題做出過度的模型套用，也會阻礙產生新穎的解方和解決問題的創意。

現在來說說壞消息。在解決問題時[3]，人類傾向犯的認知偏誤多達上百種，其中一些和快速的「系統一思考」錯誤有關，另一些則是其他的處理偏誤導致。實驗心理學和行為經濟學探索出來的種種決策過程中的認知偏誤相當有趣且重要，也值得解決問題者關注，不過千萬別因為認知偏誤多得不勝枚舉，就認為這些認知偏誤會導致我們完全沒有能力做出理性思考。根據經驗，優良的解決問題流程設計和團隊流程能夠應付絕大多數的認知偏誤，還能激發創意，這是 7 步驟解決問題流程的目的。

應付認知偏誤的實用方法

首先談談在解決問題過程中偏誤的主要來源。我們和前同事、康納曼的合作研究者丹・洛瓦羅（Dan Lovallo）教授討論時，他指出最重要的是確認偏誤（confirmation bias）、錨定偏誤（anchoring bias）、以及

規避損失偏誤（loss aversion bias）。[4]我們再加上可得性偏誤（availability bias）及過度樂觀偏誤，下面將討論在團隊流程的五種偏誤。如圖 4-6 所示，文獻中敘述的許多偏誤其實是這五種偏誤的不同形式。

一、**確認偏誤**：你愛上了你的一日解答，未能認真考慮相反論點忽視反對觀點，基本上就是摘採低垂的心智果實。

二、**錨定偏誤**：錯誤地依附一個初始的資料範圍或資料型態，影響了對問題的後續了解。

三、**規避損失**：規避損失以及類似的——沉沒成本謬誤、害怕會計帳虧損、原賦效應／敝帚自珍效應（endowment effect）——指的是不願忽略已經發生的支出（沉沒），或不對稱地評估虧與盈的價值。

四、**可得性偏誤**：使用一個既有的心智圖，只因為它唾手可得，而不是為一個新問題發展一個新模型，或是被更近期的事實或事件影響。

五、**過度樂觀偏誤**：有過度樂觀幾種形式，包括過度自信、以為能夠掌控的錯覺、未能思考失敗或災難性結果。

一些團隊流程設計方法能幫助減輕大多數這類認知偏誤的影響，同時還能激發解決問題的創意及新穎性。

團隊成員多樣性：建立一支不同背景與觀點的團隊，非常有助於創造一個開放擁抱新點子及新方法的環境，這是解決問題時的重要創意源頭，但經常被忽視。若你獨自解決問題，建議在解決問題流程的每個階

圖 4-6　認知偏誤與應付方法

主偏誤	相關偏誤	說明	如何應付
確認偏誤	» 情意捷思（affect heuristic）* » 團體迷思（group think） » 自利偏誤（self-interest bias） » 權威偏誤（authority bias）或向日葵偏誤（sunflower bias）	愛上你的一日解答；未能檢視其他選擇或反論點；未傾聽反對觀點	» 建設性對立 » 辯證；論點、反論、綜合 » 團隊成員多樣性（觀點／背景） » 角色扮演
錨定偏誤	» 顯著性偏誤（salience bias） » 忽略復歸平均數／複利	以為一個初始的資料範圍就是全部範圍，或認為一種增／減型態將持續（心智上的數值黏性）	» 建立對立假說（反論） » 收集與分析硬核資料，包括情境模擬 » 提出「你必須相信什麼，才能接受這個」的疑問
規避損失偏誤	» 沉沒成本謬誤 » 厭惡剝奪 » 害怕會計帳虧損	心智上的數值黏性，或不對稱地評估虧與盈的價值	» 清晰的前瞻心態 » 使用優良的分析工具（淨現值分析、選擇權評價、貝氏思維）
可得性偏誤	» 替代偏誤 » 過度強調當前事件	使用手邊的圖或故事，而非投資於了解新的複雜情況	» 重視更多資訊 » 明確分析（等待 vs. 現在決定）選擇
過度樂觀偏誤	» 過度自信 » 以為有所掌控的錯覺 » 忽視災難性結果	低估低機率事件	» 明確模擬極端不利情境 » 事前驗屍分析

* 情意捷思：根據情感上的喜好，直觀的判斷和選擇。

段，設法找大量局內人與局外人討論想法。菲利普‧泰特洛克對預測所做的研究顯示，在這種形式的解決問題上團隊表現總是優於個人（縱使是非常傑出的個人），最優秀的預測團隊甚至贏過眾包及預測市場。[5]

總是嘗試多種邏輯樹／分解法：縱使當一個問題看起來非常適合使用你喜愛的分解框架時，你仍然嘗試多種分解框架，看看是否浮現不同的疑問及洞見。當我們決定把肥胖當成一個棘手問題來看待時（參見第9章），我們召開一次團隊會議，嘗試各種分解框架，在僅僅半小時內，就列出了多種可能的分解框架，例如「管制／獎勵」、「個人行為／公共衛生」、「發生率／嚴重程度」、「供給／需求」，大家辯論每種框架的合理性，最終決定使用「供給／需求」這個分解框架。別在使用第一個問題分解框架後就選定了這個框架，試著多嘗試幾個。

試試對假說加入問號：我們致力於以假說為指引，但前同事卡洛琳‧韋伯（Caroline Webb）在著作中指出，行為研究顯示積極提問（active questioning）使大腦進入探索模式，離開確認模式。[6] 我們認識的最優秀的解決問題者使用積極提問做為首要解決問題工具，解答帶出下一群疑問，就這樣持續疑問與探索，直到假說被磨銳或被質疑。

團隊腦力激盪：團隊應該在一開始就建立價值觀，這將對解決問題流程的品質有莫大的貢獻。以下是我們發現有助於反制認知偏誤和促進創意的做法：

- **提出異議的義務**：麥肯錫的一個核心價值觀是「提出異議的義務」（obligation to dissent），就算是最生嫩的企業分析師，從入職起就必須奉行它。這意味著，資淺團隊成員不僅可以在腦力激

盪會議中或是在客戶面前說出他們的不贊同意見，這還是一個絕對義務。不奉行此價值觀的資深團隊成員有可能被解僱。團隊成員通常敬重組織階級，需要團隊領導人鼓勵他們說出不同觀點，不管是剛到職一天，或是已經有 10 年年資的團隊成員。

- **角色扮演**：試著從客戶、供應商、其他家庭成員、公民……（除了你以外的其他人）的角度來表演暫時性解方，接著，再轉換角色，扮演一個新人物。這聽起來有點尷尬——起初會這樣，但非常有助於釐清現況。卡洛琳·韋伯也建議用繪出或用語言傳達解決方案取代傳統的文字敘述，以產生不同的、更有創意的結果。[7]

- **辯證標準**：建立典型的論證形式做為團隊範式：論點、反論、綜合。這意味的是，每個想法或假說必須受到質疑，再把從中獲得的學習加到最後的統合裡。

- **換位思考**（perspective taking）：換位思考指的是模擬另一個團隊成員的主張或看法（尤其是你不贊同此主張或看法的話），模擬到你能把它敘述得像他那般具有說服力。[8]

- **建設性對立**（constructive confrontation）：不討人厭地表達異議，這是優秀地解決問題團隊流程的精神。我們兩人在麥肯錫時都使用的好工具是提出「你必須相信什麼，才能接受這個論點或觀點」（what would you have to believe?）的問題，這涉及了詳細說明論點背後隱含的假說，以及所有的含義。舉例而言，檢視一家成長公司在網際網路泡沫年代的股價，若要說股價合理，那麼前提條件是該公司在未來 5 年的獲利必須複利成長率達 40%，之後

永遠是美國 GDP 成長率的 2 倍！那是難以置信的高成長期望，而且並未實現，因此導致該公司的股價崩跌。

- **團隊分散式投票**。在修剪邏輯樹的樹枝或對分析工作規畫決定優先順序時，團隊往往出現歧見，若不小心，最能言善道或位階最高的團隊成員可能高度支配談話。如第 3 章所述，我們使用的方法之一是分配給每個團隊成員 10 票，用 10 張便利貼代表，讓每個團隊成員用這 10 票來投給他喜歡的分析，容許累積投票（對其中一或幾個分析投多票）或是集中選票，只投給其中一個分析。讓位階最高的團隊成員最後投票，以免影響位階較低的團隊成員的選擇。

- **徵求外界意見（但小心看待專家意見）**。解決問題時，尤其是在熟悉的領域或事業中處理問題時，很容易有敝帚自珍的傾向，因此有必要取得外部資料及外界觀點來幫助釐清對問題的觀點。通常的做法是訪談專家，但風險是，他們可能只是強化主流觀點。試試和顧客、供應商或相關其他產業或領域的人討論。

模擬不利情境或事前驗屍分析（pre-mortem analysis）：納西姆・塔雷伯（Nassim Nicolas Taleb）的傑出著作《黑天鵝效應》（*The Black Swan*）[9] 提醒了假定常態分布的危險性，看似極不可能發生的事件或不連續事件的確會發生，長尾分佈（不規則形狀的統計分佈，一邊有一條長尾巴，代表發生極端事件的機率小、但還是可能發生）意味的是，我們應該在解決問題及模擬時考慮這些。這表示我們不僅應該明確地模擬

可預期的不利情境，也應該模擬更極端的不利情境。另一個相關的概念是做「事前驗屍分析」，檢視與分析哪怕是極不可能失敗的所有含義與關連性[10]。

優良的分析工具：在金錢方面，人類傾向犯一些錯誤，包括關注沉沒成本、對未來事件使用不合理的高折現率、不對稱地看待虧與盈。避免這些錯誤的方法之一是使用優良的分析工具，包括問題／模型設計、淨現值分析、邊際分析以及使用現金流量、而非使用會計帳面價值，我們將在第 5 章討論這些內容。

擴增資料來源：在生活中的每個領域，不論是個人、職場或社會，都有人人可以取得的政府部門及私人部門儲存的資料庫，有時候，這些是很棒、但任何人（包括競爭者）都能取得的資料，它們的收集常涉及方法論問題。值得考慮是否有眾包的另類資料選擇；預測市場是否涵蓋你的主題，或是引導它們去涵蓋你的主題；你感興趣的領域能否進行某種形式的 A ／ B 測試或隨機控制實驗。自定義資料（custom data）的收集成本已經明顯降低，新的資料集可以產生非常不同於主流分析的洞見。Survey Monkey 之類的工具使用起來簡單容易，能夠取得具有洞察力的顧客、競爭者、及供應商觀點。

如何在團隊實際運作結合運用呢？通常得靠團隊領導人的暗示與行為，參見圖 4-7 的案例。

敏捷團隊流程

我們在本書前言中指出，為成為更好的解決問題者，許多組織演進

圖 4-7　礦藏探勘案例

處理礦藏探勘策略的偏誤

多年前，羅伯看到由暢銷書《追求卓越》（*In Search of Excellence*）合著者羅伯‧華特曼（Robert Waterman）領導的麥肯錫團隊，在執行一項專案時以非常有效的方法處理重要的偏誤問題。該團隊受僱於一家澳洲的礦業公司，檢視其礦藏探勘策略，該公司在探勘上花了很多錢，但已經有 10 年未能發現大礦藏，在此之前，該公司發現了不計其數的世界級礦藏。

規避損失 vs. 大賭注

此團隊檢視與收集這家公司的失敗探勘策略（挑選可能的礦藏地，經費分配，採樣與鑽鑿）的結果，但看不出能解釋問題的明確原因。不過，在訪談此公司的經營管理團隊時，華特曼發現，該公司檯面上的目標是找到壽命長、能夠使營運成本落在最少的 25% 的稀有礦藏（這需要在心理上下大賭注），但他們實際的探勘行動與口頭的目標相背。他們沒下大賭注是因為害怕虧損〔規避損失〕，他們改而下虧損可能性小的小賭注〔通常是已知的礦化，技術上成功的可能性較高〕。華特曼於是建議團隊向外研究可以明顯對比成功與失敗的案例。

外部錨定 vs. 內部錨定

公司若錨定於自家團隊之外，對可能性採取科學觀，不讓內部資料或手邊情況侷限自我的公司，往往能夠發掘不同的觀點。在這家客戶公司的協助下，華特曼的團隊調查了十多家礦藏探勘公司，其中半數很成功，另外半數不成功。雖然是個小樣本，但代表超過 75% 的澳洲一年礦藏探勘量，這客戶公司同意和所有參與此調查的公司分享研究發現。這項調查獲得的發現是，那些成功的公司有下大賭注的文化、科學導向、快速地透過初步鑽鑿來檢驗它們的概念，再根據這些鑽鑿結果，決定加碼下注抑或放棄這礦址。不成功的公司不以假說為指引，它們依附於不成功的礦址較久。外部錨定變成礦藏探勘業的一種新的最佳實務。

權威偏誤

在一場與客戶公司的執行長、高階管理團隊及探勘團隊的會議上，華特曼提出團隊發現。他做完簡報說明，該公司執行長開始發言，華特曼擔心這可能會抑制異議觀點便做出干預，建議先讓在座的每一個人提出他們的觀點，再由執行長結論，總結這場討論。在座的每一個人輪流發言，表達他們支持改採新的探勘心態和嚴謹的科學導向流程，他們能夠說出心裡的話，而不必擔心自己的意見與執行長對立，這個簡單方法降低了權威偏誤（確認偏誤的一種形式）的可能性。最後這個客戶公司成功推行變革，提高探勘的重要性及科學能力，過沒多久，他們出現探勘成功的案子，終結長達 10 年未能發現大礦藏的「乾旱」。

圖 4-8　敏捷組織、scrum 與衝刺

與團隊有關的術語改變，以擁抱敏捷（agile）、精實（lean）、及 scrum（譯註，scrum 一詞直接使用英語不翻譯，已行之有年），我們有日常的 scrum 事件、scrum masters、衝刺規畫（sprint panning）、衝刺檢討（sprint reviews）、衝刺回顧（srpint retrospectives），這些全都是在一個月內進行。成功應用這些原則的團隊及組織聚焦於優先要務、即時成果、當責、透明化、側重行動。伴隨組織的新陳代謝速度加快，預期將會更加需要敏捷組織及 scrum 團隊。

精實、敏捷、及 scrum 這三者有共通點及差異。精實跟它的先組「看板（kanban）」制度一樣，聚焦於減少浪費；敏捷聚焦於加快速度；scrum 被描述成一種開發複雜產品的框架。這三者都使用團隊結構，透過專案規畫描述符，對工作／任務注入開放與當責。

有人把敏捷與 scrum 概念的出現視為預示一種新的組織範式的來臨，為解決複雜的調適問題提供一個框架〔傑夫·薩德蘭（Jeff Sutherland, 1995）〕，為了達到此期望，組織將必須變成我們在前言中描述的那種解決問題型組織，展現心智肌力和機器肌力，它們必須擁抱麥肯錫最強問題解決法。在團隊層級，敏捷與 scrum 團隊若想在解決問題方面盡可能做到最好，必須思考下列疑問：

- ・我們處理的是正確問題嗎？ （步驟 1）
- ・我們有沒有把問題分解成可供分析的關鍵議題？ （步驟 2）
- ・從短期及長期影響來看，我們的排序正確嗎？ （步驟 3）
- ・我們如何在 scrum 可交付成果和團隊成員過勞風險 這兩者之間做出平衡？ （步驟 4）
- ・我們如何引進外部觀點與專長？ （步驟 4）
- ・需要分析的複雜問題有分配到適的資源嗎？ （步驟 5）
- ・我們審慎地綜合我們獲得的發現嗎？ （步驟 6）
- ・我們以一個具說服力的故事來提出發現嗎？ （步驟 7）
- ・進展與目標之間是否有適當的迭代？ （步驟 1-7，再次）

我們認為，使用敏捷、精實、及 scrum 的信條，組織將有很大的潛力可以蛻變成解決問題型組織，為此必須在組織中反覆灌輸與教導團隊使用麥肯錫最強問題解決法。

成為解決問題型組織。為此,它們追求變得精實敏捷,常使用 scrum 術語(scrum 源自橄欖球運動,意指並列爭球)。它們尋求解決正確的問題,處理問題的根本原因,用短期、有明確的當責制的工作計畫來組織團隊(參見圖 4-8)。這一切跟本章介紹的方法相反。

最重要的是,最優秀的解決問題者傾向主動開放地擁抱新看法與資料,懷疑看待標準或傳統解答,這些也是泰特洛克所描述的超級預測者的特質,參見圖 4-9。

總結而言,優秀的工作計畫對於解決問題有很大的影響,我們解釋了為什麼它們是成功解決問題的必要條件,但非充分條件。一旦解答能幫助我們磨銳假說,使分析聚焦且有效率。剔除分析有助於在解決問題的過程中聚焦於關鍵路徑。最後,本書介紹了很多提高團隊成效的方法,這些方法加上工作計畫,能幫助你產生好成果,避開常聽到的陷阱與偏誤。

圖 4-9　超級預測者的心理素描

涵養	風格	方法
謹慎	主動的思想開明	務實
謙遜	聰穎,博學	分析
非決定論者	深思	蜻蜓眼(使用多透鏡)
成長心態	內省	機率
有膽識	自我批評	有思想見地的不斷更新
	有計算能力	

本章重點 ————

- 在規畫工作時,好方法及明確性將為你節省大量工作,值得事先規畫好時間把它做對。

- 在解決問題的過程中,為了保持在關鍵路徑上,務必把分析順序做對,先做剔除分析。

- 工作計畫應該短實:簡短而明確;研究計畫/專案計畫應該精實:訂定重要里程碑,準時交差。

- 一日解答釐清目前的進展,以及尚待做的事,提供一個稻草人,對工作進行壓力測試。

- 事前驗屍之類的工具能幫助凸顯風險,聚焦於涉及高利害的大決策之上。

- 優良的團隊結構與規範有助於促進創意,反制解決問題過程中可能發生的偏誤。

- 在可能之處把層級扁平化,促進「提出異議的義務」。

- 嘗試用角色扮演來引進外部觀點,促進創意。

- 優秀的解決問題者博學,開放地擁抱新想法、深思、自我批評、百折不撓,⋯⋯,在任何可能之處進行團隊合作解決問題。

- 敏捷團隊流程愈來愈成為解決問題行動的方法,嘗試在團隊裡培養敏捷特質。

換你試試看 ————

一、針對「我該買輛電動車嗎？」這個問題，用最佳剔除順序，設計一個疑問邏輯樹，說明為什麼要使用 MECE 原則。

二、為「該不該購買電動車」的決策寫出一日解答。

三、嘗試用角色扮演來支持英國脫歐的決定；然後換邊，提出令人信服的英國續留歐盟理由。

四、重讀「舊金山護士供給」案例，用演繹邏輯形式下結論，接著再用歸納邏輯形式下結論。

五、列出影響解決問題流程的常見偏誤，以及打算如何在解決問題流程中解決。

六、針對目前面臨的問題，虛擬出想從資料及分析中獲得的 10 張圖表。

七、為正在做的專案，準備約一頁的下個月敏捷計畫，內含 7 步驟流程。

第 5 章
進行分析

分析

　　即使前面步驟都做得小心翼翼且妥當，接下來如何收集事實，進行分析，檢驗假說，可能會決定解決問題成功抑或失敗。優秀的解決問題者有工具箱幫助能夠有效率地做這個步驟，首先用「捷思法」和「經驗法則」來了解關係的**方向**與**強度**，讓他們可以把注意力聚焦在最重要的問題。直到清楚了解是否及需要使用複雜工具之前，他們不會輕率地建立巨大模型。

分析階段對於解決問題的客觀性很重要，有很多關於拷打事實、直至它們說出「你想聽到的真相」為止的笑話，《紐約客》（ *New Yorker* ）雜誌有幅漫畫描繪一個人走向一個抽屜型檔案櫃，各個抽屜分別貼著「他的事實」、「她的事實」、「你的事實」的標籤，這還是遠在假新聞問世之前的年代呢。遵循有條理的解決問題法，使用好的分析工具來對假說進行壓力測試，使用優良的團隊流程來限制偏誤，可以不需要拷打事實。

本章將探討如何快速而且有效率地進行分析，從捷思法、捷徑以及經驗法則開始。我們將示範在使用任何複雜的大槍砲分析（參見第 6 章）之前，如何使用簡單明瞭的「捷思法」來架構與解決許多分析工作。

捷思法與經驗法則

捷思法是強而有力的工具，它是分析的捷徑，幫助你評估問題的各種元素的大小與份量，以研判做進一步分析的有效率路徑。當然，不正確地應用捷思法可能相當危險。尼可拉斯・塔雷伯在《黑天鵝效應》一書中敘述根據以往的成功得出的簡單法則時，可能如何導致在低機率事件釀成大錯的情況中迷路。[1] 本書將教你如何避免這些錯誤。

我們交替使用「捷思法」、「經驗法則」與「捷徑」這幾個用詞，圖 5-1 列出實用於個人、企業及公民問題的各種捷思法。若有人要我列出此生最喜歡的前十首歌曲時，我可能很難避免古典樂曲；這份捷思法

圖 5-1 捷思法與捷徑

工具	說明	何時使用	留心
奧坎剃刀	需要最少假說的最簡單解方	總是	別選定第一個解答
量級分析	最大潛在價值是多少？	絕對不要在沒做量級分析前就著手處理問題	別愛上最大值
80／20 法則	» 找出左右 80% 價值的 20% 問題 » 找到最大槓桿	在欠缺資料與事實下研究問題	別在大規模相互關連的情況中錯估風險
72 法則	用 72 除以成長率，得出一數額翻倍所需要的期間	任何成長或複利問題	階梯式變化過程（成長率有所變化的情況）
S 曲線／採用曲線	創新技術、產品……的被採用率模型	新技術及產品的被採用率型態	先緩慢、後快速的散播
期望值	期望值是一結果乘以此結果發生的機率	當你有未來不確定的事件涉及價值時	其他／更好的破壞性技術
貝氏思維	條件機率	當你必須思考機率時	小心組合供計算的資料
類比推論	建立參考類群	當量級分析因為仰賴一比較對象而變化甚大時	異端案例
損益平衡點	達到損益平衡的銷售量	快速檢查事業模式的生存力	規模變化下的固定成本
邊際分析	下一個單位的經濟成本或效益	生產、消費及投資問題	成本跨階跳
結果分布	結果的可能範圍	» 專案成本估計 » 新事業營收 » 企業購併	» 均值復歸 » 非常態分布

清單亦然，這些方法不是我們發明，我們只是善加利用，你也可以。

最古老的捷思法源於 14 世紀的**「奧坎剃刀」**（Occam's Razor）——選擇吻合事實的最簡單解方。奧坎剃刀法則告訴我們，應該選擇假說最少的那個假說，為什麼？我們可以用一個簡單的數學例子來解釋其合理性：若你有 4 個彼此獨立的假說，每個假說正確的可能性分別為 80%，那麼，4 個假說都正確的機率只有 40% 出頭；其中 2 個假說正確的機率為 64%。就許多問題而言，假說愈少愈好。實務上來說，這意味的是避免複雜、間接或推論的解釋，至少在一開始應該這樣做。與奧坎剃刀相關的法則是「單一推論決策捷思法」，包括「消去法推論」（reasoning by elimination）和更加有理的推論（a fortiori reasoning），亦即消去較不動人的選擇。[2] 一個重要的提醒：當事實與證據指向更細膩或複雜的解答時，別選定一個有較少假說的簡單解答（記得第 4 章提到的可得性偏誤和替代偏誤）。

「量級分析」（order of magnitude analysis）指的是估計各種槓桿的大小，藉此來為團隊的工作排序。在企業問題中，我們通常會計算 10% 的價格、成本或數量的改進價值，以決定何者更為重要而應該聚焦於設法改變它（當然，這是假說改變困難度或容易度相近）。這個工具也可用於分析社會問題，第 3 章談到的舊金山護士供給案例展示改進護士素質與護士數量的結果差異性。做量級分析時，應該提供一個最小和最大的估計值，不能只提供最大估計值。通常最好的剔除分析（參見上一章）是一個量級分析，展示改變將如何改進此結果或是不會產生什麼差異。

「80 ／ 20 法則」往往對效率分析有幫助，這法則又稱為「帕雷托

法則」（Pareto Principle），以最早注意到這關係的義大利經濟學家維爾弗雷多・帕雷托（Vilfredo Pareto）命名。80／20 法則敘述一種常見的現象：80% 的果來自 20% 的因。若 Y 軸代表一產品的消費量百分比，X 軸代表消費者百分比，你通常會發現，20% 的消費者佔了一產品或服務的銷售量的 80%。做 80／20 法則分析的目的是把你的分析工作聚焦在最重要的因素，許多企業及社會環境呈現 80:20 或接近這比例的市場結構，因此這是一個便捷的工具。

舉例而言，在醫療保健領域，通常 20% 的人口佔了 80% 的保健成本，這個事實使得健保計畫的費率模型面臨大困難。80／20 法則也可應用於複雜系統情況，舉例來說，羅伯在 2016 年造訪緬甸時得知，該國只有三分之一人口取得電力，但該國有潛力產出 100 百萬瓩（100 Gigawatt，相當於 10 億瓦）的水力發電電力。一支團隊檢視在伊洛瓦底江一條支流上的建設計畫組合，探索漁業生計和水力發電之間的取捨權衡，他們的研究報告顯示，減少 20% 的漁業生計就能獲得近 95% 的潛在水力發電電力；為了取得 100% 的電力，則需要犧牲一半至三分之二的漁業生計。[3] 這個極端版的 80／20 法則鮮明地凸顯政策制定者的困境，在此例中，這困境是能源、生計及環境之間的取捨權衡。

在了解財富如何累積、企業規模如何快速擴增以及人口成長時，複利成長（compound growth）是關鍵，巴菲特曾說：「我的財富來自結合了生活於美國、一些幸運基因以及複利。」[4] 估計複利效應的一種快速方法是使用「72 法則」[5]，在一個給定的成長率之下，若你想知道經過多久能夠翻倍，你可以用 72 除以這個成長率，得出的數目就是翻倍所需

要的期間。

　　舉例來說，若成長率為 5%，14 年（72 ／ 5 = 14.4 年）後翻倍。在一次團隊會議中，羅伯詢問我們的研究團隊，若在亞馬遜公司股票公開上市的 1997 年投資 1,000 美元，現在這筆投資將會變成多少？查爾斯思考了約 90 秒鐘：他嘗試一個低複利 5%，每 14 年翻倍；若是高複利 50%，每 18 個月翻倍，現在達到 10 萬美元。實際答案是 8.3 萬美元：複利 36%，每兩年翻倍。真不錯，沒有任何事實做為根據，只用 72 法則！什麼情況下使用 72 法則會出錯？當成長率有所變化時，當然，就更長期間來說，成長率通常會改變。這是有道理的，很少事物會永遠持續複利成長。（試試一個老把戲：在象棋棋盤上的第一格放一粒米，後續每格加倍。）

　　若你要估計一項新創新的被採用率，第一個使用的捷思法是 S 曲線，S 曲線展示一項新產品或一個新市場銷售量的常見型態。繪製 S 曲線時，Y 軸代表採用率，X 軸代表自開始被採用後經過的年數。S 曲線的形狀變化甚大，端視選擇的參考類群（reference class）及探索的這項創新被接受速度較快或較慢的理由而定。網際網路被採用的早年，查爾斯創立及領導一家成功的新創公司，當時，許多預測者高估網際網路在短期普及的影響性（想想 Webvan 和 Pets.com 的例子），但低估較長期（10 至 15 年）的被採用率影響性。事後可以很清楚地看出，這是典型的 S 曲線，1995 年時，有網際網路的美國人不到 10%，到了 2014 年，這比例達到 87%。如圖 5-2 所示，S 曲線可能有許多的形狀，反映各種案例的特質。跟任何捷思法一樣，別僵化或盲目地應用 S 曲線，應該把

圖 5-2　史上各種技術創新的採用率趨勢曲線

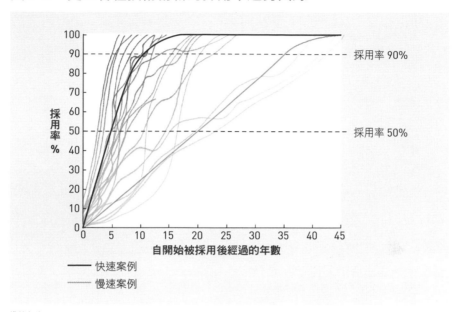

資料來源：McKinsey Global Institute, A Future that Works: Automation, Employment, and Productivity, McKinsey Global Institute, January 2017.

它當成一個仔細研究問題的框架，挑戰在於：撇開「這世界的腳步加快了」之類的常見泛泛陳述，深入了解何以一特定技術有一特定的採用率型態。

　　「**期望值**」等於一結果乘以此結果發生的機率，此稱為「單點期望值」，但通常更有用的公式是（視分布形狀而定）把各種可能結果的值乘以它們個別的發生機率後加總。在第一刀分解時，期望值是很實用的排序工具，也可以根據期望值，做出結論是否要在不確定環境中下注。舉例而言，在創投業，目標可能是想創造一個獨角獸——一家規模達 10

億美元的公司，根據計算，近年來新創公司在矽谷達到獨角獸等級的機率是 1.28%[6]，也就是說，單點期望值為 10 億美元乘以 1.28%，等於1,280 萬美元。難怪許多剛踏出大學校門的 22 歲年輕人願意冒險創業，因為他們的次佳選擇可能是在電話客服中心上班，年薪 5 萬美元！不過，請小心：單點期望值計算最實用在當分布圖是常態分布，而非偏態分布或長尾分布時，你必須檢查這點，檢視範圍，看看分佈圖裡的中位數和平均數是否彼此相差甚遠。

澳洲政府的研究組織澳洲聯邦科學與工業研究組織（CSIRO）捍衛WiFi 智慧財產權時，使用一個簡單的期望值計算，但有一個差異：它從估計的訴訟成本（1,000 萬美元）以及若打贏官司賠償金（1 億美元），回推成功的損益平衡機率。最終的決定是打官司，因為該組織的委員會認為成功的可能性大於一個無差異機率 10%（打贏官司的期望值 1 億美元除以訴訟成本 1,000 萬美元）。下一章將更詳細討論這個案例。

近年，有不少關於貝氏思維（Bayesian thinking）的探討，例如《精準預測》（*The Signal and the Noise*）一書。[7] 貝氏思維其實就是條件機率（conditional probability）——在 A 事件發生之下，發生 B 事件的機率。A 事件的發生，也有一個機率，被稱為「事前機率／先驗機率」（prior probability）。這裡舉個簡單例子，來看看陰天之下（事前機率）將下雨的機率，對比目前晴天之下將下雨的機率。兩種情況之下都可能下雨，但當事前條件為陰天時，更可能下雨。貝氏分析在執行計算時，可能有困難，因為難以準確估計事前機率。不過，當認為問題中有條件機率在作祟時，往往會使用貝氏思維。在第 6 章中，我們將仔細檢視挑戰者號

太空梭災難時，使用的方法是：若貝氏統計學家會如何分析在一個從未經歷過的低溫下發射太空梭的問題。

「**類比推論**」是快速解決問題的一種重要捷思法，一個類比指的是以前見過特定問題結構和解方，你認為或許可應用在目前面臨的這個問題。當你有正確的參考類群時（亦即，你已經正確辨識問題結構類型了），類比推論很實用，但若沒有正確的參考類群那就很危險了。為了檢查這點，我們通常列出一參考類群背後的所有假說，檢驗目前手邊這個案例與每一個假說的吻合度。舉例而言，同事丹・洛瓦羅教授研究過如何使用參考類群來預測電影收益，他檢視電影類型、演員是知名明星或沒名氣的明星以及製作預算，並且建立一個基於影片參考類群的模型，然後拿即將拍攝的這部電影來相比。[8] 這種類比的準確度和得出的結果可能優於一個更複雜的迴歸模型。

不過類比推論法有其限制，例如：

- 當零售業、書籍出版業及房地產業的傳統事業模式最早遭到破壞性網際網路事業模式的挑戰時，沒有可用的先前類比能夠供汲用，以解釋競爭動態將如何演變。

- 在澳洲的酒品市場，一家啤酒公司收購了葡萄酒公司，認為它們都身處酒品市場，有共通的顧客及通路要求條件。但是基於產品範圍、品牌管理、顧客區隔以及營運資本要求條件等差異，實際上，這兩家公司少有共通的成功因素。

- 曾經領導公司轉虧為盈的執行長往往產生光環效應，外界以為可以在新境況中複製成功。例如，外號「鏈鋸」（Chainsaw）的艾

爾·鄧樂普（Al Dunlap）曾經以領導史谷脫紙業公司（Scott Paper）轉虧為盈的事蹟聞名，但在執掌日光企業（Sunbeam）後不到兩年就被開除。[9]

「損益平衡點」：查爾斯和羅伯見到的每一家新創公司都喜歡談論其「現金跑道」（cash runway）──距離燒完現金、需要新資本挹注還剩多少個月，沒有多少家新創公司知道自家公司的損益平衡點──營收能夠支應現金成本的銷售量。其實，計算損益平衡點的算術蠻簡單的，但必須有邊際成本和固定成本的知識，尤其得知道這些如何隨著銷售量的增加而變化。在損益平衡點上，銷售額或銷售量等於（〔固定成本／單位價格〕減去單位變動成本），通常，單位價格是已知數，你也可以很快地計算出每一單位銷售量的相關成本，亦即變動成本。棘手的部分是，固定成本將如何隨著業務規模擴大而變化，你可能面臨階梯式固定成本（step-fixed cost）──銷售量增加一倍的話，需要在機器設備、IT基礎設施或銷售通路大量投資。知道損益平衡點及成本變化，能夠獲得有關於事業許多層面的洞見，如同在第 1 章的 Truckgear 公司訂價案例中看到的情形。

這裡舉一個真實世界例子。查爾斯曾詢問麥肯錫的應徵者：為何當你租車、但過了預定時間的 24 小時內還未現身，租車公司不會對你的信用卡扣款，但你訂房的旅館卻會扣款呢？這是一個用經驗法則來思考高固定成本事業和低固定成本事業的好例子。答案是，相較於旅館，租車公司有較低的固定成本比例和較高的變動成本比例，部分是因為租車

公司以變動方式支付保險及其他成本（不同於一般消費者），反觀旅館的平均每位顧客變動成本低（客房清理），但固定成本高。租車者也有較多替代品可選擇（巴士、火車、優步、計程車），旅館的代替品較少（現在有愛彼迎了，但在過去，除了住旅館剩下的選擇其實只有友人家的沙發）。機場的租車業競爭也比較激烈，租車者更容易價比三家。使用一些簡單的捷思法去了解這些差異，就能了解為何旅館公司必須對未現身的訂房者索取費用，以及為何相較於租車公司，旅館公司有較大的市場力量可以讓他們這麼做。

「**邊際分析**」是一種和損益平衡點相關的概念，當你思考在一個稀有資源環境生產更多、消費更多或投資更多的經濟成本與效益時，邊際分析是個實用的工具，不要只看總成本及效益，邊際分析檢視下一個單位的成本或效益。在有機器廠房固定成本的生產問題中，邊際成本（多生產一單位的成本）往往掉得很快，這對增加產量有利，但到了一個點再提高產量就必須增設機器。我們會增加產量，直到一單位產量／銷售量的邊際效益等於邊際成本。

我們可以把這概念應用在前述的旅館問題。想像一家有 200 間客房的旅館，每晚的總固定成本（房貸、核心人員、房地產稅）是 10,000 美元，則平均一間客房一晚的固定成本為 50 美元。若一個客人在傍晚 6 點來到這家旅館，旅館還有一間空房，他說若一晚 30 美元他就投宿，旅館應該接受嗎？我們知道一間客房的平均成本是 50 美元，但多收一個顧客的邊際成本很小（可能接近零，因為客房清潔人員已經在上班了），因此旅館應該接受。正是這些經濟成本與效益的計算促成了最後一分鐘旅

館訂房與機票的新網際網路事業誕生。

同理，想像一家給付員工醫療保健成本的企業正在考慮對員工補貼健身房會員費，每人成本 400 美元。[10] 該公司認為，上健身房的員工每人可以為公司節省多達 1,000 美元的醫療保健成本，而且他們假說若公司支付健身房會員費，員工就會上健身房。公司該怎麼做呢？你大概已經猜到答案了：這得看有多少比例的員工已經自己付了健身房會員費。在此例中，邊際分析告訴我們，該公司的無差異點是 60% 的員工已經自己付了健身房會員費，若目前已自己付費經常上健身房的員工比例低於 60%，公司就有理提供此方案（假定前述兩個假說成立的話：公司付費，員工就會上健身房；員工上健身房能為公司節省醫療保健成本）；但若已自己付費經常上健身房的員工比例高於 60%（並且使公司因此免費受益於醫療保健成本降低），公司就應該把這筆員工福利預算改用在別處。

最後一個捷思法是「**成果分布**」（distribution of outcome）。規畫大型計畫的公司往往會增加 10% 或更高的應急預算以備成本超支，這可能高達數百萬美元。最近看到成本達 10 億美元或以上的大型基礎建設計畫的資料，資料顯示，道路工程計畫中有 90% 左右超出預算 20%，鐵路工程計畫有 45% 超出預算 20%。[11] 在這些案例中，預期超支與 10% 的應急預算不符而是接近 30%，成本超支幾乎高了一個標準差。這些誤差大到足以吃掉工程計畫的獲利，參見圖 5-3 成果分布圖。

圖 5-3　成果分布圖──專案成本分布

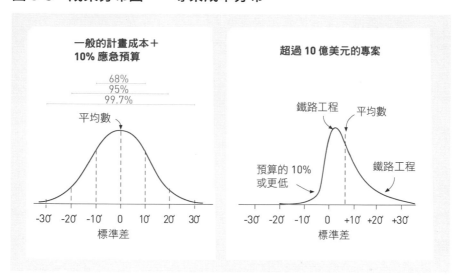

我們看到許多跟成果分布相關的常見錯誤，包括太側重平均結果──通常稱為「基準情況」（base case），不夠重視離常態分布平均數一或兩個標準差的那些結果。在大型專案中，應該詢問：「最糟的情況夠糟嗎？」（這是丹尼爾·康納曼及其合著者建議做出重大決策時應該思考的疑問之一 [12]），因為最糟情況可能是真正的情況！你必須匯集歷史、分析、本身經驗以及有時還得加入參考類群中的他人經驗，加上判斷力，估計專案成本分布的形狀。模擬是有助於看出可能結果範圍的一種實用工具，我們將在第 6 章討論。

疑問導向的解決問題法

使用捷思法勾勒出問題槓桿的規模與方向後，接下來是更深入分析，但並非你做的分析都需要大量的數字計算，通常使用名偵探夏洛克·福爾摩斯（Sherlock Holmes）的框架，就能獲得很好的了解和初步解答。

我們發現，名偵探福爾摩斯的方法是挖掘根本原因以快速聚焦解決問題的高效工具：用詢問「誰、什麼、何處、何時、如何及為何」來描繪問題的面貌。上一章已經談到，在解決問題時提出問題及思考疑問的幫助，不僅有助於釐清檢視的問題，還能幫助定義選擇以及如何評估這些選擇。

如以下所述，很多時候只需用 3 個疑問就能得出粗略的解答，從下文的例子可以看出用簡單的疑問來推進解決問題流程的功效。舉例而言，第 1 章談到查爾斯考慮是否要投票支持學校的教育稅時，他思考的疑問是：**誰**是表現最佳的學校？**什麼**理由可以解釋它們的學生教育成效較佳？**為何**教師素質如此重要？這 3 疑問捷徑可以用一個決策樹來呈現，以下舉兩個保健領域例子，一個是機構層級——醫院如何對心臟病發作病患進行分類；另一個是個人層級——要不要接受膝關節鏡手術。

例 1：醫院如何對心臟病發作病患進行分類

醫院必須做出快速決定，幫助疑似心臟病發作者。醫護人員必須決定把到院的心臟病發作病患歸類於什麼類別，是高風險抑或低風險，高

圖 5-4　到院心臟病發作病患分類法

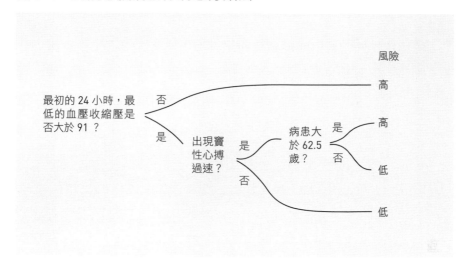

風險者需要更密切監視及分派醫護人員。一項研究發現，醫院可以藉由詢問以下 3 個疑問來判別風險程度：最初的 24 小時中，最低的血壓收縮壓是否大於 91；病患年齡是否大於 62.5 歲；是否出現竇性心搏過速（sinus tachycardia）的情況。[13] 資料確證這種分類法，圖 5-4 以決策樹架構呈現此分類法。

　　我們特別喜歡這個例子示範如何從假說開始，用分析檢驗，再得出一個歸納邏輯結論。這個方法幫助決定如何快速判斷疑似心臟病發作者是高風險與低風險。在此特別強調，這個判別法不是一個新發現，可能已經被更新的方法取代，例如在「病患分類」這個領域愈來愈重要的機器學習演算法。

例 2：羅伯的膝蓋問題

我該接受膝關節鏡手術嗎？

羅伯的左膝在 20 年前動了一個成功的膝關節鏡手術，此後，每年都能參加 10 公里及半程馬拉松賽跑。最近他的右膝開始發炎，限制了他的訓練時程，就算冰敷及休息都沒多大成效，於是他找上一位運動醫學專家。

每一個跑步者的膝蓋是焦點，也是受傷後的重要次決策主題，非常權威的《新英格蘭醫學期刊》（*New England Journal of Medicine*）指出，美國每年施行超過 70 萬次的關節鏡半月板部分切除手術（arthroscopic partial meniscectomy，簡稱 APM）。[14] 當跑步者被診斷為膝關節半月板撕裂時，醫生通常建議的下一步是 APM 手術。

羅伯該怎麼做呢？他有四個選擇：

一、接受由運動醫學專家進行的 APM 手術。

二、收集更多有關於這種情況的 APM 手術成功機率的資訊，規畫

一個接受「手術／不接受手術」的決策。

三、等待結合物理治療及復健的新技術出現。

四、現在接受物理治療及復健。

運動醫學專家評估羅伯的狀況為「輕度不適」、因為年齡及長年跑步造成的退化，運動醫學專家建議一種不涉及 APM 手術的保守治療法。另一方面，羅伯研究平均年齡 22 歲的足球員膝蓋受傷後立即接受手術的運動醫學專業案例報告。他也聽到有研究指出，APM 手術效果沒有比物理治療好，有人建議他或許最好等待發展中的新技術——幹細胞治療法或可列印的水凝膠半月板（hydrogel meniscus）。

面對這麼多分歧的資訊，你會如何決定？跟絕大多數的解決問題一樣，你必須收集一些事實。羅伯閱讀了《新英格蘭醫學期刊》一篇芬蘭研究報告，報告指出，當情況為輕度不適及年齡造成的退化性半月板撕裂時，相較於物理治療，APM 手術並不會帶來顯著的改善。這項研究使用的方法涉及一種名為「假處理對照組」（sham control）的隨機對照實驗，實驗參與者不知道他們是否接受了 APM 手術。12 個月的後續追蹤得出的結論是，APM 手術的成效並未優於假 APM 手術（亦即這些試驗對象實際上並未施行此手術）儘管：「兩組在主要成效上都有顯著改善」。[15]

羅伯也想評估他是否該等待一種新技術解方的發展，例如幹細胞治療法或可列印的水凝膠半月板。羅伯做了一些查詢後發現，應用在關節軟骨的新技術療法正準備進行臨床試驗，但半月板修復這一塊還沒有，

因此可以合理結論，APM 以外的其他技術起碼得等 5 年之後。[16] 3D 列印的水凝膠半月板現在引起廣泛興趣，但羅伯無法估計這種技術何時能成為一個選擇。[17]

在取得最佳事實與估計後，情況開始變得更明朗了，羅伯決定，最佳選擇是等待看看是否有一種技術性解方出現，在此同時，繼續管理活

圖 5-5 三疑問捷思法

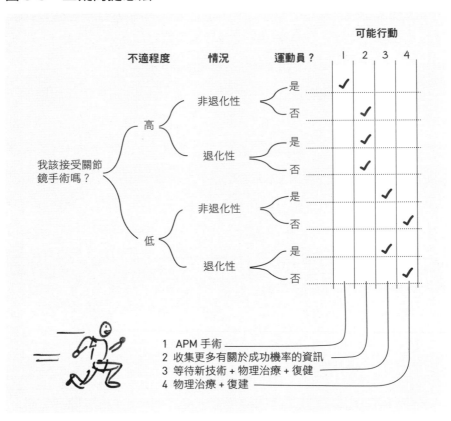

動程度，控制右膝的發炎狀況。圖 5-5 的邏輯樹展示羅伯的兩種選擇，以及那些不適程度較高者面臨的選擇，當然，他們需要專家評估在他們的情況下 APM 手術成功的可能性。最後，很多人有膝關節退化而輕度不適的人，他們不是運動員，但很樂意採用體操療法及物理治療。

羅伯使用的方法是「三疑問法則」，這些疑問的答案為他得出一個行動方案——等待的技術，同時繼續做物理治療與復健，參見圖 5-5。

總結而言，我們認為明智的分析始於用捷思法及摘要統計資料來評估重要問題槓桿的規模與方向。對這些基本關係有相當的了解後，我們通常會轉向思考類似上述例子的疑問，這讓我們能增進或修改了解，根據可得的證據做出決策，或是挑選更詳細的答案。

「根本原因分析法」（Root cause analysis）是解決問題的一種工具，同樣也是以聰明的方式使用疑問探索法。「詢問 5 個為什麼」是豐田汽車公司（Toyota Motor Corporation）發展出來的探索問題根本原因的方法。[18] 通常被稱為「魚骨圖」（fishbone diagram）的分析圖視覺化地呈現某個問題的導因（參見圖 5-6）。

「5 個為什麼」常被用於生產與作業問題（此方法最初就是為解決這類問題而發展出來的），以及安全性方面的問題，但對於其他類型的企業問題，這方法也可能有幫助。圖 5-7 中的例子檢視有關於市場占有率流失的診斷，從檢視表面原因，直到找出問題的更深層源頭。

根本原因分析法也可應用於社會問題，例如遊民問題。幾年前，《哈佛商業評論》（*Harvard Business Review*）有篇文章探討慈善機關如何處理根深柢固的社會問題，文章指出：「捐款人並不想資助遊民收容

圖 5-6　根本原因分析法（魚骨圖）

根本原因分析

根本原因分析法是一個解決類型問題的實用工具箱，也是一種心態或處理問題的方法。大多數的根本原因分析工具是在複雜的產業環境背景、以及安全性及事故調查領域中發展出來，核心思想是更深入挖掘製造流程中的錯誤或航空事故，發現源頭或根本原因，而非僅看表面原因或近因。當處理這個源頭能消弭日後再發生此問題時，就知道已經找到了根本原因。

根本原因分析使用一些專門工具與流程，但其中 3 個具有解決問題的高通用性：魚骨圖、5 個為什麼、帕雷托思維（或 80／20 法則思維，前面已經討論過）。當你有非常複雜的流程時（例如在高科技製造業中遇到的流程），可能很難找出產品瑕疵及相關問題的源頭，魚骨圖——有時也稱為石川圖（Ishikawa diagram，譯註：魚骨圖是日本品管學者 Ishikawa Kaoru 於 1956 年發展出來的）——能讓你綜觀近因及根本原因的可能源頭。優良的根本原因分析使用清楚的問題定義，根據市場時間與階段來仔細分解問題，對錯誤的每一個可能源頭進行團隊腦力激盪，梳理出根本原因。

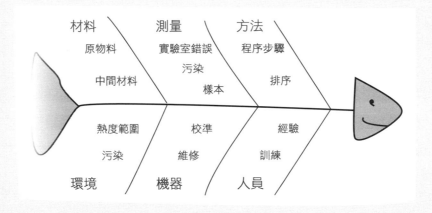

圖 5-7　詢問 5 個「為什麼」的根本原因分析法

豐田汽車公司生產線使用著名的「5 個為什麼」方法，是對解決問題團隊很有幫助的一種腦力激盪工具，它迫使我們在問題局部或助長原因之外，藉由詢問「為什麼」，一直至沒有進一步可能的「為什麼」，用來找到根本原因。以下例子是一家公司的市場占有率正在流失，但不知道問題的源頭，透過不斷詢問「為什麼」，答案愈來愈明確，最終找到顧客流失的源頭是「客服中心人員的訓練不足」。

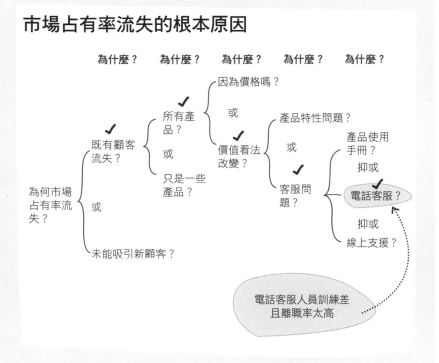

市場占有率流失的根本原因

雖然，根本原因分析工具的發展是為了回溯地找出問題源頭，但根本原因心態也可以做為解決問題的一種前瞻性工具。

所及食物救濟站，他們想要終結遊民和飢餓問題。」[19] 這意味的是，首先必須了解遊民問題及各種表現，使用上述例子中探索根本原因，詢問諸如以下疑問：

- 遊民主要是男性或女性？
- 女性遊民中，年輕者居多，還是年紀較長者居多？
- 年輕女性遊民的情況是偶發或長期？若為偶發，跟家暴有關抑或跟財務因素有關？
- 特定社區有足夠的女性遊民收容所及支援措施嗎？
- 有明顯減少家暴情況的社區方案嗎？

相同的系列疑問也適用於遊民邏輯樹中的其他部分，很可能將得出不同的結果，包括問題的源頭在於心理健康或藥物／毒品／酒精上癮，而非財務壓力或家暴。我們將在第 9 章探討如何處理棘手問題時，再度討論到遊民問題。

本章重點 ————

- 所有分析工作能夠從「簡單的摘要統計資料」和「幫助你看出問題槓桿大小與形狀的捷思法」著手。
- 在用經驗法則勘察之前，別收集巨量資料集或建立複雜模型。
- 必須知道及注意捷思法的限制，尤其是當心它們強化了可得性偏誤及確認偏誤的可能性。
- 疑問導向的粗略分解法能幫助你發現做出好決策的實用演算法，

並指引實證研究（若有需要的話）。

• 根本原因和「5 個為什麼」分析法能幫助你在各種問題中從近因推進至根本原因，而非受限於生產及作業環境中使用。

換你試試看 ————

一、若要估計雪梨機場是否容量不足（第 1 章案例），你會怎麼做？

二、第 1 章的 Truckgear 公司的損益平衡點是什麼？該公司應該聚焦在利潤抑或市場占有率上？

三、嘗試類比推論行動器材的下一個新東西。可能在這推論中發生什麼偏誤？如何避免類似當年的隨身聽問題（亦即未能看出以往不存在的東西）？

四、對感興趣的某個東西做出預測，例如經濟、時尚、運動或娛樂。列出必須相信什麼，預測才會成真。然後，想想你的預測有可能發生嗎？去「fivethirtyeight.com」網站查看，這網站靠此維生。

五、區塊鏈已經問世 10 年了，是一種有前景的智慧型合約及治理技術，試著繪出區塊鏈技術的擴散曲線，解釋你如何證實這個假說。

六、拿一份你見過的一家科技新創公司或社會企業的事業計畫，進行剔除分析，接著列出你將向創業者提出的疑問——你認為哪些東西必須成立，這家公司才會成功？

七、哪三個疑問將幫助你決定是否在未來兩年內購買電動車?

八、你能否想出一個工作上的問題是能用「5 個為什麼」來質問與探索的?畫出這些疑問的邏輯樹與順序。

九、關於女性遊民問題的根本原因,你會如何推進至下個階段?你想詢問的 2 階與 3 階疑問是什麼?你想看到、做什麼分析才會對處理此問題的政策感到安心?

第6章
運用大槍砲分析工具

分析

　　前面第 5 章介紹了一些使解決問題的初步分析階段更簡單、更快速的捷思法及根本原因分析法，許多類型的問題，通常不需要用什麼數學或模型建立，就能快速得出夠好的分析結果。但是，當面臨需要強力的量化解方的複雜問題時，怎麼辦？我們何時需要使用貝氏統計學、迴歸分析、蒙地卡羅模擬（Monte Carlo simulation）、隨機對照實驗

（randomized controlled experiment ／ trial）、機器學習、賽局理論或眾包解決方案之類的大槍砲呢？一想到要使用這些分析武器庫，自然令許多人卻步，不過，縱使你的團隊不具備使用更複雜的解決問題工具的專長，現今的工作者仍應該了解如何在有困難度的問題上應用此類工具。在一些情況下，你可能需要仰賴外面的專家，在其他情況下，你可以學習如何自行運用這些方法。

　　重要的第一步是「思考」：你已經正確地框架面臨的問題以及想檢驗的假說，因此確知需要更多火力嗎？若問題的確是複雜類型，那麼，你需要考慮其他疑問：可得的資料能支援使用一種先進的分析工具嗎？哪種工具適合你面臨的這個問題？有沒有簡單的軟體可以幫助團隊使用這些工具？你能把解決問題工作外包嗎？

火力的取得性

　　以往，大問題涉及了專業管理、耗費時間及高成本的分析流程，在可得的電腦運算力快速提升及資料儲存成本降低之下，更多這類工具現在已經易於取得。輸入幾條指令就可以執行複雜精細分析的套裝軟體，現在變得更加普遍了，對一般使用者而言也變得更簡單明瞭。例如，在 Excel 套裝軟體中下載 Analysis ToolPak，就可以做迴歸分析；從提供免費分析軟體的 R-Project，就可以取得蒙地卡羅模擬及其他工具。

　　在取得性大增之下，愈來愈多企業、顧問公司及政府機關在解決問題流程的早期階段就使用機器學習之類的先進複雜模型工具。有時候，

這是有理由的，但很多時候是過早或錯誤地使用高強度工具。如第 5 章所述，在展開複雜分析之前，最好先做初步量級分析，精修對問題結構的思考以及檢驗的假說。

為什麼？做第一次分解時的資料分析往往指向因果方向及影響性大小，這對於後面的複雜模型的結果評估很重要，在缺乏清楚解釋下展示模型得出的相關性，無法證明任何東西。此外，知道一種結構或演算法能對多變數模型的變異性做出稍多一點的解釋，通常不會使你更接近根本原因。資料挖泥（data-fishing）式的遠征或未聚焦的分析是好高騖遠，猶如試圖「煮沸海洋」，可能只會導致沒效率的解決問題。

牛津大學教授史蒂芬・羅伯茲（Stephen Roberts）是機器學習專家，他強調，在展開複雜的分析之前，必須先嚴謹地框架一個疑問或假說。他建議學生，在對模型架構和可檢驗的假說有清楚的了解之前，別開始做機器學習分析，這是科學方法的基本要素。[1]

本章將解釋何處及如何應用先進的分析方法以及它們的極限。就算你不是親自使用這類分析大槍砲，你也可能會面對他人使用這類方法所做的分析報告。

對思考進行排序

關於決定何時使用大槍砲，我們建議使用「排序流程」。不意外地，我們偏好的排序是從「清楚定義問題」和「建立初始假說」做起，接著檢視平均數、中位數、模型以及其他的摘要統計資料，了解資料。

畫出重要變數的分布圖，將能指出資料中異於常態分布的偏斜值（若存在偏斜值的話）。試試用散布圖或熱點圖把資料及相關性視覺化（這裡提供一個好例子：圖 6-2 展示倫敦的空氣品質及哮喘病）。當然，這是假定你有資料，我們將在後面示範資料有限之下的處理方法。

選擇哪一個大槍砲？

有資料分析經驗的牛津大學學者及我們的研究團隊共同設計出一個幫助指引你使用正確分析工具的決策樹。一開始，最重要的定義疑問是了解問題性質：想了解導致問題的原因（每一個因素的影響大小，以及影響方向），或是試圖預測狀態，以便做出決策？如圖 6-1 的決策樹所示，若疑問／目的是第一個，大多是做沿這決策樹的左邊樹枝而下的各種統計分析，包括創造或發現實驗。若疑問／目的是第二個，大多是做沿著決策樹的右邊樹枝而下的預測模型、機器學習或深度學習演算法、賽局理論。一些問題含有左右兩邊的元素，需要結合使用決策樹兩邊的工具。此外，決策樹兩邊都可以發現模擬及預測模型這兩種工具。

了解問題的複雜原因以便研擬干預策略時，通常會落在統計學的世界裡，此時，資料的品質及廣度將左右可以使用的分析工具。若有好資料，可以使用相關性及迴歸分析工具，許多這類工具都有易於使用的套裝軟體。外面能取得的資料集愈來愈多，許多資料集是免費的或是可以低成本取得。有時候，外面的資料沒有可供你的問題使用，但可以設計一個實驗來發展你自己的資料。在攸關安全性的領域（例如醫藥），實

圖 6-1：挑選一個分析方法

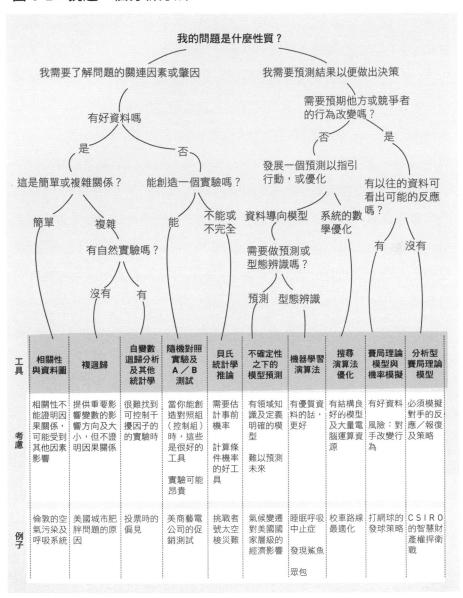

驗向來非常重要，例如，推論藥物會不會產生期望的效果及副作用，很重要。伴隨方法論的改進以及進行實驗的成本降低（尤其是在線上進行實驗），在企業與經濟學領域，實驗已經變得無所不在。不過在很多情況下，涉及以不同方式處理兩個相似群組的實驗有成本、複雜性及道德等層面的障礙，若聰明且幸運的話，也許能找到一種自然實驗（natural experiment）——某種真實世界的結構就提供了控制組（對照組）。你也可能發現，身處的情況是只有你有部分資料，且不可能進行實驗，此時貝氏統計學（條件機率）可能有所幫助。

當你聚焦於預測結果或可能的世界情況以便規畫決策時，首先必須研判是否需要預期及模擬其他方或競爭者的反應，若是你可能會使用賽局理論，統計學知識可能也有幫助。但若你不聚焦在競爭者的策略，可能是想優化某種制度／系統，或是想預測不確定的結果；若為前者，你可能會學習如何使用來自機器學習領域的工具（在這類情況下，了解就沒那麼重要，準確預測比較重要），若為後者你就能使用預測模型或模擬。

使用大槍砲的案例研究

這是一個複雜的決策樹，為了說明如何運用每種分析工具，我們提供案例研究，示範如何在解決問題的流程中使用這些分析工具。下面介紹這些工具應用的順序是：簡單的資料分析、複迴歸、貝氏統計學、模擬、創造的實驗、自然實驗、機器學習、眾包解決問題以及用於競爭情

況的賽局理論。這些工具都可以各自寫成一本專書，因此本書只會概要敘述每種工具的用處及應用。

案例研究摘要

一、資料視覺化：倫敦的空氣品質

二、多變量迴歸：了解肥胖問題

三、貝氏統計學：挑戰者號太空梭災難

四、創造的實驗：隨機對照實驗及 A ／ B 測試

五、自然實驗：選民偏見

六、模擬：氣候變遷

七、機器學習：睡眠呼吸中止症、巴士路線、發現鯊魚

八、眾包演算法

九、賽局理論：智慧財產權、網球發球

　　閱讀這些案例分析得花上好些時間與腦力，但是請有耐心繼續閱讀下去，它們將幫助你了解各種問題情況該使用什麼先進工具。

【資料視覺化：集群與熱點──倫敦的空氣品質】

　　公開而可以讓大眾取得的資料愈來愈多，為了示範簡單地分析公開資料集的效用，這裡以倫敦的空氣品質為例（參見圖 6-2）。影響空氣品質的主要因素之一是懸浮微粒、PM 2.5 及 PM 10，我們不想生活在經常出現高 PM 2.5 值的地方，因為懸浮微粒對呼吸道及心血管有影響。檢

圖 6-2 該居住何處之二——針對空氣品質

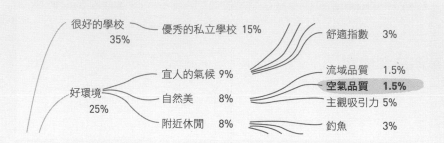

很好的學校　35%　　優秀的私立學校　15%　　舒適指數　3%

好環境　25%　　宜人的氣候　9%　　流域品質　1.5%

自然美　8%　　**空氣品質**　**1.5%**

主觀吸引力　5%

附近休閒　8%　　釣魚　3%

我們呼吸的空氣對健康影響甚大，查爾斯分析該居住何處時，這是一個重要考量因素。在此案例中，我們聚焦在空氣品質，考慮應該居住在倫敦何處。

羅伯幾年前注意到英格蘭公共衛生署（Public Health England）發表的報告指出，2010 年，倫敦有 3 千人死於影響呼吸系統健康（包括哮喘病）、且跟心臟及肺部疾病相關的空氣中 PM 2.5 粒子。一些研究得出的結論是——PM 2.5 其實並無安全值。*

我們請團隊裡的羅德獎學金學者、有資料分析與機器學習領域技能的威廉・拉斯傑（William Rathje）花一小時研究一下是否能辨識哮喘病及 PM 2.5 值的熱點。威廉使用 2015 年的資料，製作出下面兩幅圖，顯示哮喘病熱點在何處。左圖是哮喘病事件和急診住院，右圖是 PM 2.5 熱點，影像顯示兩者有明顯重疊。

分析顯示投入一些時間和運用資料分析技巧，就可以對空氣品質獲得不錯的了解，我們認為，在做出居住何處的決策時，空氣品質是個重要的考量。

* 資料來源：Q. Di et al., "Air Polluton and Mortality in the Medicare Population," *New England Journal of Medicine* 376 (June 29, 2017), 2513-2522.

視 2015 年倫敦市根據郵遞區號畫分的空氣品質及哮喘病住院資料，這些資料產生的熱圖顯示了風險最高的社區。從初步分析來看，儘管一整年資料未顯示懸浮微粒與哮喘病住院率之間有特別高的相關性，但還是需要進一步探究。相關性不能證明因果關係，可能有其他因素導致 PM 2.5 熱點及哮喘病住院，這需要靠實驗、更精細的資料分析及大規模的模型來進一步釐清事實的真相。

【用迴歸模型來了解肥胖問題】

肥胖是個棘手問題，我們將在第 9 章再度討論。肥胖是普遍且持續擴增的現象，各個社會的肥胖問題差異甚大，肥胖涉及複雜行為及政策因素，再者，就我們所知，迄今沒有任何規模的社會成功扭轉此趨勢的故事。在這個案例中，我們想凸顯用迴歸分析來了解肥胖問題背後因素，這並未解決肥胖問題，但能讓我們看出尋求解方的方向。

我們請研究基因體學及大數據分析的羅德獎學金博士班生柏格丹・克內茲維克（Bogdan Knezevic）使用迴歸分析檢驗城市層級肥胖問題的幾個假設，這些假設是麥肯錫全球研究院（McKinsey Global Institute，簡稱 MGI）全方位研究肥胖問題提出。[2] 柏格丹收集了 68 個美國城市的資料，包括肥胖盛行率[3]、學歷、家計單位所得中位數、城市可步行性[4]、氣候舒適度評分[5]。「氣候舒適度評分」指的是從事體能活動的天氣適合度，計算公式是「氣溫及相對溼度加總後除以 4」，「舒適度」就像童話金髮姑娘的粥：既不要太熱也不要太冷，剛剛好的氣溫與溼度。這些資料顯示，教育程度、所得水準、城市可步行性以及氣候舒適度評分

全都與肥胖有負相關性。柏格丹發現，城市可步行性除外，其他所有變數分別與肥胖相關，但令人意外的是，氣候舒適度及城市可步行性彼此幾乎沒有關連性；其他變數尤其是所得和教育水準全都彼此高度相關（相關度 68%），這可能更難以釐清它們在因果關係中的相對影響程度。[6]

圖 6-3 比較各城市的肥胖盛行率（用身體質量指數 BMI 來衡量）和家計單位所得水準，圓圈代表學歷。肥胖與所得水準之間的相關性顯著：在各城市彼此間的肥胖率變異數中，所得水準的影響比重為 71%。最佳配適線（line of best fit）顯示，家計單位所得中位數 80,000 美元這個群組的肥胖盛行率比家計單位所得中位數 60,000 美元這個群組低了 7 個百分點，整體減少 30%。

哪種模型最能描繪各城市肥胖率的差異性呢？這取決於模型中是否包含所得水準、學歷、可步行性以及衡量所得與學歷這兩個變數之間關係的〔所得／學歷〕交互作用項（interaction term）這 4 種變數。統計上，這些變數全都顯著地與肥胖率負相關，當模型中包含所有這 4 種變數時，此模型可以解釋各城市之間肥胖率差異性達 82%，根據經驗，這種水準的解釋力算是相當高了。包括羅伯伍德強生基金會（Robert Wood Johnson Foundation）非營利機構指出，在美國，「所得與教育水準」是解釋肥胖率差異性的重要因素。

複迴歸分析能結合及控制變數，以探究對問題與因素之間基本關係的了解。舉例而言，只使用可步行性這部分的資料跑線性迴歸時，得出的結論是，城市的可步行性和肥胖率之間並無顯著相關性。但是當我們

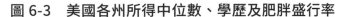

圖 6-3　美國各州所得中位數、學歷及肥胖盛行率

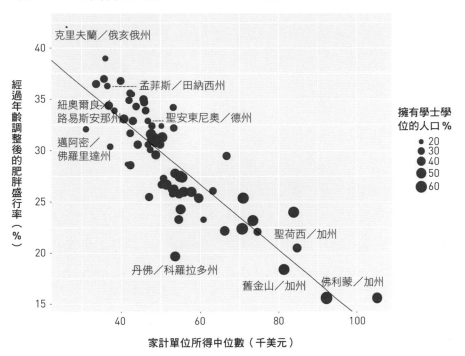

結合使用可步行性及氣候舒適度這兩個變數的資料進行多變數迴歸分析時，在控制氣候舒適度這個變數之後，我們看到可步行性與肥胖率明顯相關。

　　這個簡單例子顯示，迴歸分析能幫你開始了解問題的影響因素，或許還能幫你研擬在城市層級做出有益干預的策略。

　　不過，迴歸分析雖然有助於探究對問題與因素之間基本關係的了解，這項工具存在一些必須列入考慮的陷阱：

・小心相關性與因果關係之間的區別。可步行性高城市的肥胖率似

乎總是遠低於可步行性較低的城市，但是光看統計資料與分析，無法知道城市可步行性是否確為較低肥胖率的導因。也許，可步行性高的城市的生活成本較高，肥胖率較低的真正導因是社會經濟地位較高；又或者，較健康的人遷居可步行性較高的社區，因此這些城市的肥胖率較低。

- 若我們建立的迴歸模型中未包含很重要的變數，此迴歸模型得出的分析結果可能會誤導作用。這個例子中的模型是城市層級的架構，因此沒有衡量個人層次的行為或文化因素。

- 加入更多變數，可能改善迴歸分析的成效，但是加入更多變數，可能造成迴歸模型對資料過適（overfitting，或譯「過度擬合」）的問題。（譯註：當一個模型包含更多的變數時，模型變得較複雜，它對目前分析的這事件的解釋或許更周全，但這麼一來，這麼模型可能就變得更難以調適而應用於分析或預測其他資料／事件，也就是這個模型的廣泛應用性降低。）這是一種模型的基本數學導致的問題，也再次提醒我們，總是選擇使用已足以解釋現象的最簡單模型（譯註：這是奧坎剃刀原則）。

貝氏統計學與挑戰者號太空梭災難

挑戰者號太空梭災難發生時，已在世的人大多記得這是一樁工程疏失事故，的確，但更重要的是，它也是一樁在解決問題上失敗的事件。它涉及與 O 形環失效有關的風險評估，我們現在知道，貝氏統計學最能評估這種風險。在資料不完全之下貝氏統計學很實用，尤其實用於評估

複雜情況的條件機率。「條件機率」是指一組可能的結果取決於另一組條件情況,而這組條件情況的發生也是機率性質;例如,下雨的機率高度取決於天空是否多雲,而後者本身也是機率性質。

現在來再次檢視本書前言中談到的「挑戰者號太空梭災難事件」,看看貝式統計學分析法如何幫助你評估風險。挑戰者號太空梭發射升空後不久爆炸,可能是低溫致使 O 形環失效[7],O 形環被用於密封固體推進器以防止熱氣外洩,橡膠環圈會隨著溫度熱漲冷縮。但是,挑戰者號太空梭發射時,佛羅里達州的氣溫很不尋常地低至華氏 31 度(攝氏零下 0.5 度),比以往發射紀錄的最低氣溫低了 22 度,這導致了 O 形環彈力因為氣溫過低而失效,再加上,事故調查員發現,O 形環在華氏 75 度(攝氏 23.8 度)時的壓縮彈力比華氏 30 度(攝氏零下 1.1 度)時高出 5 倍。在此例中,O 形環失效的機率部分取決於氣溫落在特定範圍的機率。

研究人員重新檢視 O 形環失效的情況後得出支持聚焦於 O 形環、但跟 1986 年 1 月 28 日發射前的資料分析與解決問題有關的結論。[8] 他們認為,若當時使用貝氏統計學業且正確採樣,就能得出這近乎必然的結論:在預測太空梭發射時氣溫為華氏 31 度之下,幾乎可以確定 O 形環會失效。

當時的工程師們在進行分析時遭遇的困難是,他們手邊有的資料是太空梭在華氏 53 度與華氏 81 度這區間發射的飛行資料,而挑戰者號太空梭是在不尋常的華氏 31 度低溫下發射的。他們檢視 O 形環發生損壞時的溫度,注意 O 形環在華氏 53 度和 75 度區間下出現熱損的情況,他

們檢視低於此溫度區間的有限資料，但未能看出一個明顯型態（參見圖6-4）。工程團隊在挑戰者號太空梭發射前把這結論呈交給美國太空總署，回答在低溫下發射可能影響 O 形圈彈力作用的疑慮。

其實，他們應該檢視的資料是**所有**飛行的氣溫與 O 形環受損的資料，從圖 6-5 可以看出，當你把未發生 O 形環受損事故的所有飛行資料也包含在內時，就會得出大不同的面貌：氣溫低於華氏 65 度時的所有 4 次飛行，全都發生了 O 形環受損事故，亦即 100％！氣溫高於華氏 65 度的 20 次飛行當中，只有 3 次發生 O 形環受損事故，亦即 15％。在檢視所有資料之下，氣溫與 O 形環性能之間的關係就變得更加清楚了。

羅伯在澳洲管理研究所的前同事、現任雪梨大學貝氏統計學教授莎莉‧克里普斯（Sally Cripps）把這資料和事前機率 30％（24 次飛行中發生 7 次 O 形環受損事故）結合起來，計算出在華氏 31 度之下發射失敗

圖 6-4　O 形環受損的飛行與氣溫分析

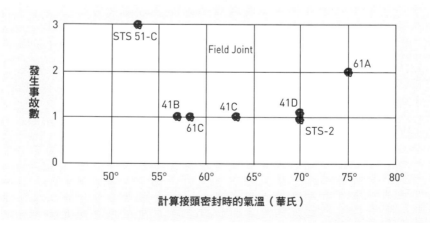

圖 6-5　O 形環受損的飛行與氣溫分析

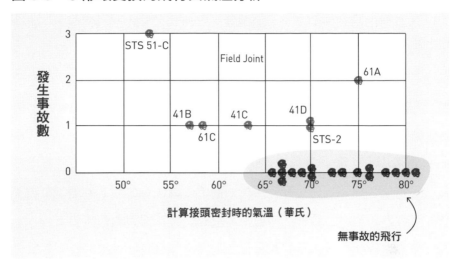

的事後機率為高達 99.8%，近乎相同於另一個也使用貝氏分析的研究團隊得出的估計。

　　從使用大槍砲資料分析挑戰者號太空梭災難的案例中，得出以下幾點啟示。第一，模型的選擇（在此例中，選擇的模型是貝氏統計學）可能影響有關於風險（在此例中指的是災難風險）的結論。第二，必須仔細思考才能得出正確的條件機率。第三，當資料不全時，你對極端值（例如在華氏 31 度時發射太空梭）的處理必須使用正確呈現可得資料的分布的機率方法。當存在使用新證據去更新一個事前機率的機會時，貝氏統計學或許是檢驗假說的合適工具，在此例中，這裡指的是探索在一個從未經歷過的溫度下發射太空梭的成敗。即使不實際做貝氏計算，貝氏思維法（也就是考慮條件機率）也很有幫助。

創造出來的實驗：隨機對照實驗及 Ａ／Ｂ 測試

能幫助了解問題的資料並不存在，這很常見，在這種情況下，實驗可以幫我們創造資料。這有很多好處，特別是，可以確定競爭者沒有你的資料。來看看盛行於企業界的兩種實驗。

「**隨機對照實驗**」讓在控制所有其他變數之下，檢驗一個變數的變化。在前文的肥胖症例子，城市的可步行性肥胖率較低的原因，也許是本來就健康的人傾向並非遷居可步行性較高的城市，因為他們喜歡步行。在探索因果關係時，實驗可幫助避免這種潛在錯誤，不過，實務上往往難以執行實驗，我們無法輕易地使一個城市變得對行人更友善，然後把它拿來與另一個城市相比。但能創造一個好實驗，實驗結果能提供優異的解釋力。

實驗可用於評估各種干預，例如，在控制所有其他因素之下，隨機對照實驗能測試一項鼓勵人們每天步行 5 英哩的新方案是否比現行方案更有助於降低肥胖率。隨機對照實驗需要徵求一群參與者，隨機地分成二或多個實驗組（treatment group）及一個對照組（控制組，control group），在此例中，新的運動獎勵方案是實驗組。當你想知道一特定干預措施是否導致結果改變時，這種隨機對照實驗特別有用。隨機分配實驗組和對照組，可以確保實驗組的所有其他特徵（例如人口結構、綜合健康狀況、基本運動率、飲食等等）隨機變化。當樣本數夠大時，每組的均衡程度都應該與母體（population）相當，例如，在隨機分配下，相較於對照組，運動實驗組不會女性顯著多於男性。若實驗結果，實驗組的肥胖率改進程度顯著地高於對照組，你就知道促成此改進的高度可能

因素是運動方案，而非性別或其他任何變數。雖然，不能完全排除干擾因子（confounding factors），但是一個不錯的開始。[9]（譯註：干擾因子或混淆因子係指同時影響自變數和應變數的因子，因為這種同時影響性，可能會導致統計分析得出偽關係。）

特殊類型的實驗是隨機對照實驗的變化版本，市場試驗——在全面推出一項新產品前，先在一個小市場進行測試，就是這種特殊實驗方法的類型之一。現今商界最常使用的實驗方法之一是「A／B測試」，被用來即時地調整產品，例如，你想測試改變網站首頁背景顏色將對造訪者停留於網站時間造成什麼影響，你可以快速且容易地做個A／B測試，就能證明這一種顏色設計是否優於另一種顏色設計。隨機挑選兩組網站訪客，向A組（實驗組）呈現新設計的網頁，向B組（對照組）呈現舊設計的網頁，追蹤每組訪客使用網頁的型態，有時候，你也可以在他們造訪網站後進行後續問卷調查。接下來，你就可以根據收集到關於網頁設計、顏色或其他變化如何影響訪客停留時間或電子商務量的實際資料，選擇網站首頁背景顏色。由於你進行的是隨機實驗，你知道影響使用者體驗的變數比較可能是網頁設計，而非其他變數。

多年前，美商藝電（Electronic Arts）使用A／B測試來探索銷售及促銷活動對新發行遊戲銷售量的影響。[10] 為了達成營收目標，再加上正好發行新版的《模擬城市》（SimCity）遊戲，美商藝電在網站上張貼促銷供應的通欄大標題，但該公司驚訝地發現，這個促銷廣告並未使得預購量增加，會不會是張貼預購行動呼籲是錯誤之舉呢？他們又建構了另外幾種不同版本的預購網頁，隨機地向網站造訪者呈現各種版面，例

如 A ／ B ／ C ／ D。如圖 6-6 所示，A 版面完全不張貼促銷廣告，B 版面則有醒目的通欄促銷標題。

經過測試，團隊得出的結論是，未張貼促銷廣告的網頁獲得的新版遊戲購買量高出 43.4%，這是相當明顯的增加。A ／ B 測試讓團隊實驗性地探索顧客對於銷售及廣告的反應，他們在過程中發現，《模擬城市》這款遊戲的顧客購買決策並不會受到促銷的影響。在線上環境中特別容易進行這種測試，但也可用在城市層級或是零售店層級，得出相似的結果。當需要大量的實驗參與者控制干擾因子時，或是在未經同意之下，對他們進行實驗是不道德之舉，這類情況導致比較難進行真實世界的實驗，醫療保健領域的例子常見這種情形。這使得我們必須尋求所謂的自然實驗。

圖 6-6　美商藝電的 A ／ B 測試

自然實驗：選民偏見

　　有時候，儘管創造的實驗能夠解答但你無法做，可能是因為周轉時間或預算有限，或是道德考量致使無法做創造些什麼的實驗。例如，政府常想了解改變稅負或福利方案的影響，但難以建立一個實驗組，只能調整這些人的稅負或社會福利，維持其他人（對照組）的稅負或社會福利探索最佳的公共政策，而且這麼做通常是違法的。在這類限制情況下，如何收集有力的證據呢？

　　解答其中之一是「自然實驗」，也稱為「準實驗」（quasi-experiment）。若無法自行創造與進行一項實驗，尋找這世界是否已做了這項實驗或類似實驗。機構往往在做出抉擇時，意外地創造了很像一個實驗的環境。許多的政府方案基本上仰賴十分武斷的分割，或是在結合歷史與偶然性之下，對待某些地區不同於其他相似地區。舉例而言在美國，全國法定飲酒的最低年齡為 21 歲，這造成年齡 20 歲又 364 天的人和 21 歲又 0 天的人的飲酒合法地位截然不同。當我們能夠安全地比較政策分割線兩邊的人時，或是能把高度受到干預措施影響的地區拿來和受干預措施影響較小的地區比較時，就有一個白然實驗能告訴我們實際實驗能讓我們得知的許多東西。

　　自然實驗可能是強大的工具，能在不適合進行實際實驗的環境下提供優質證據，不過，自然實驗畢竟不是實際實驗，因此必須更加留心背景與潛在的干擾因子，這些可能損及環境的實驗特質。欲知如何使用一個自然實驗來解答無法進行實際實驗來解答的一個疑問，來看一個例子，這個例子來自羅德獎學金學者伊凡・索爾塔斯（Evan Soltas）和史

丹佛大學政治學家大衛・布魯克曼（David Broockman），他們想解答的疑問是：在選舉中，選民是否歧視少數族群候選人？

首先，我們得看「不能」使用什麼方法來解答。我們不能只是收集白人和非白人候選人的資料，計算得票數的平均差異，把存在的任何差異宣稱為「歧視」。白人和非白人候選人除了種族差異，還有許多可能的其他差異，例如，白人和非白人候選人可能競選不同的職務，或是在不同的平台上進行競選活動。若不做實驗無法解開這個結，區分出「歧視」的單獨影響。

伊凡與大衛在一個鮮少人注意到的地方找到了可供他們使用的「自然實驗」：伊利諾州共和黨人總統初選的不尋常程序。在此，選民在正式提名的共和黨代表大會中對那些被選出、代表總統參選人的代表進行多票投票。舉例而言，支持唐納・川普（Donald Trump）的伊利諾州選民不能在初選中直接投票給川普，而是對出席大會、支持川普的三名指定代表進行投票。在這種程序下，以下元素創造出一種自然實驗：第一，這些代表的姓名出現於選票上，儘管他們的身份近乎完全無關緊要，他們只是代表那些出馬角逐的候選人，這些代表大多在政壇默默無聞，在谷歌上搜尋不到這些代表的資訊，多數選舉人根本不認識他們。第二，選舉人不需要投票給他們支持的總統候選人的所有代表，因此，一位總統候選人的所有代表未必獲得相同票數，也不需要全都獲得相同票數，才能在大會上有效代表此位總統候選人。

想像一位總統候選人提名兩位據猜測為白人的代表（湯姆及迪克），以及一位據猜測為非白人的代表（喬許），想全力支持這位候選

人的話，他的選民應該投票給湯姆、迪克及喬許，但一些選民可能隱晦地歧視，只投票給湯姆和迪克，不投給喬許。若有夠多的選民歧視少數族群，那麼，喬許這樣的少數族群代表獲得的票數將明顯少於湯姆和迪克之類的非少數族群代表。也就是說，這三人代表同一個總統候選人，他們在同一時間面對相同的一群支持此候選人的選民，唯一的不同點是選票上列印的姓名，因此構成區分出「歧視」性的完美比較，這真是很棒的自然實驗！

用自然實驗的術語來說，一位代表（喬許）是疑似少數族群姓名的「實驗組」，被拿來和不像少數族群姓名的兩位代表（對照組）相較。伊凡與大衛的伊利諾州選舉資料內含超過 800 組這種實驗，從他們的發現可以看出美國選民的偏見程度：姓名疑似為少數族群的代表獲得的票數比對照組的白人代表獲得的票數少了約 10%。

圖 6-7 顯示伊凡和大衛如何從研究設計（亦即自然實驗概念）推進至統計分析。雖然我們可以用簡單的算術計算伊凡與大衛收集到的每一組實驗中非白人與白人代表的得票數差距百分比，一個適當設計的自變數迴歸分析能做這種計算。標準化統計軟體（例如 R、Stata 或各種 Python 套裝軟體）能支援類似這樣的迴歸分析。

在這項分析中，關鍵的自變數是選舉人對那些總統候選人代表的種族認知。為了獲得資料，伊凡與大衛展現創造力，他們把那些代表的姓氏拿來和美國普查的一個資料集相比對，這資料集提供每一個姓氏中有多少比例的美國人是非白人。他們也在亞馬遜土耳其機器人（Amazon Mechanical Turk）這個平台上付錢僱人根據代表的姓名來猜測他們的種

圖 6-7　自然實驗：檢驗投票型態中的偏見

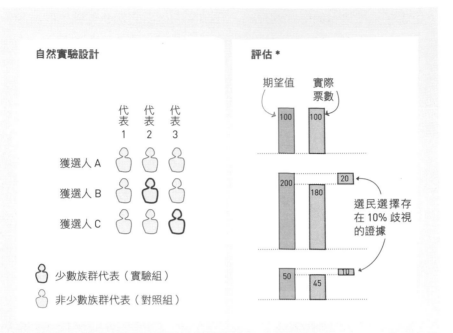

* 註：用自變數迴歸分析得出的實際證據，迴歸模型如下：

$$\log \text{Votes}_i = a_c + b\, \text{Nonwhite}_i + c\, X_i + e_i$$

其中：

$\log \text{Votes}_i$	= 代表 I 得票數的對數
a_c	= 每個候選人 c 的固定影響
Nonwhite_i	= 代表 i 有疑似非白人的姓名
b	= 非白人對得票的因果影響
X_i	= 控制變數（例如任職）
e_i	= 誤差項

族（沒有其他的資訊，僅有姓名），這形同複製選民在投票站時私下的可能觀點。這是一種形式的眾包，我們將在後面的章節有更多的討論。這項分析中的應變數是選民代表的實際得票數，此資料取自伊利諾州選舉委員會。知道從何處及如何找到資料（不論是來自官方的普查資料，抑或來自亞馬遜土耳其機器人平台的猜測資料），這是分析軍械庫中的重要工具。

像伊凡與大衛使用的這類自然實驗，可能出什麼差錯呢？自然實驗仰賴的假說是實驗組與對照組能夠相互比較，而在實際的實驗中，必須藉由隨機來保證這點。伊凡與大衛的研究分析工作已經排除了湯姆、迪克及喬許等代表的其他差異，只剩下喬許的少數族群身份。在這種自然實驗中，一個潛在的干擾因子是，若少數族群代表擔任其他公職的可能性低於非少數族群代表，那麼，一些選民支持湯姆或迪克、但不支持喬許可能是因為湯姆是他們的市長或迪克是他們的議員，而非因為喬許是少數族群。伊凡表示，他們做這項研究計畫時，有一大部分工夫投入在解決這種可比較性的疑慮。

但這並不表示可以把這項分析推及其他地區或選民，我們只知道，就資料收集之地而言這項分析是正確的。

模擬：氣候變遷

「模擬」是用電腦來模擬預期真實世界將發生的事，它們可以讓你看出在各種假說之下的許多可能世界情況。你只需要一個模型、一些初始條件以及一套軟體程式（例如微軟 Excel），就能執行一個模擬。模擬

通常快速且成本低，若你有一個建構得宜的模型（這是困難的部分），電腦模擬就能讓你無需在昂貴的真實世界資料收集之下，測試各種參數變化。我們的分析工具選擇樹（圖 6-1）中的兩枝樹枝，都有可以運用模擬這項工具的情況。

模擬特別實用於預測政策或結果（例如氣候變遷或經濟結果）的參數改變可能造成的影響。在既定的模型（以及不確定性源頭——若你知道的話）之下，改變此模型中的各種因素的值，可能改變結果的分布，稱之為「敏感度分析」（sensitivity analysis），可以讓你使用模擬來測試氣候變遷對全球平均溫度的影響，進而對國家經濟結果的影響。例如不久前，《經濟學人》（*The Economist*）引用一篇文獻，該文獻的作者群把氣候模擬得出的氣溫及其他天氣結果和一組預測在各種氣候情境下的國家經濟結果的經濟模型結合起來，大規模地模擬氣候變遷的未來影響。[11]

這些作者使用的模擬模型包含了 44 種氣候變遷模型、降雨量、氣溫天氣預測以及不確定性，他們把得出的推測繪成可能的經濟結果聯合分布圖，探索氣候變遷對美國的勞工、暴力犯罪、死亡率、降雨量、用電量、氣溫及二氧化碳量的影響（參見圖 6-8）。為計算氣候變遷造成的經濟成本（以 GDP 來衡量），他們把非市場性質的影響貨幣化，再把每一個郡的預測加總成全國水準。這項分析顯示，原本已經貧窮的郡，受到氣候變遷的負面影響可能特別大。這種氣候變遷分析模擬相比於實際實驗的主要優點之一：在氣候變遷這個案例中，我們不能等全球氣溫升高才探索影響力，現在就可靠地模擬未來影響，致力於減輕及防止不可逆轉的損害。當你有建構、且測試得宜的模型時，當模擬的預測區間與

圖 6-8　氣候變遷造成的直接損害（國家 GDP%）

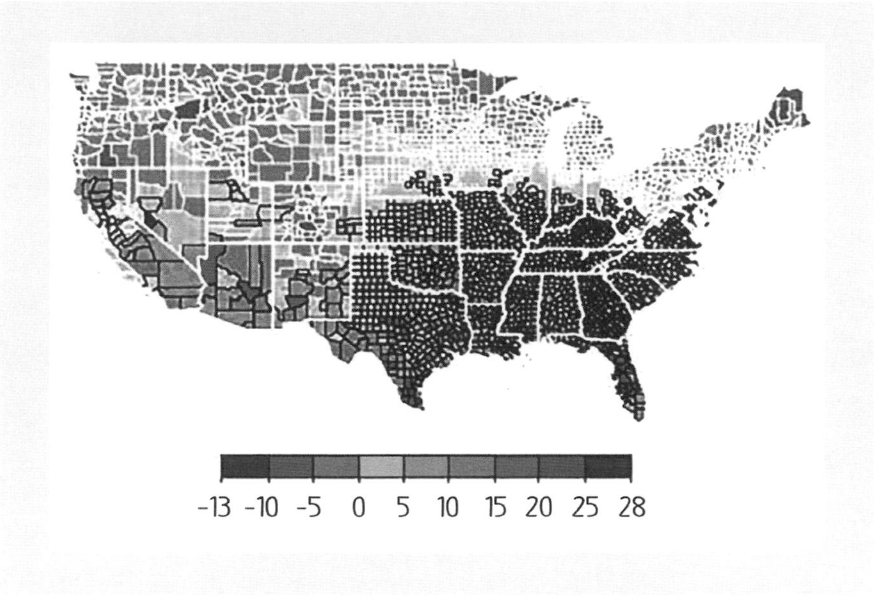

原始資料的基本範圍一致時，模擬這項分析工具的效用最佳。

機器學習

　　機器學習技法的核心概念類似複迴歸之類的傳統統計學工具，當有大量正確格式的資料，以及當資料中存在更複雜的型態及交互作用時，機器學習技法的成效通常遠優於這些傳統方法。過去幾年機器學習技法盛行，因為電腦運算力已大幅提高，能夠在合理水準的成本下運行大資料庫及複雜的學習演算法。學習 Python 或 R 之類的簡單腳本語言（scripting language），能讓你開始使用最先進的機器學習工具，這在許

多團隊的能力範圍之內。

　　我們首先來看辨識一個人變得肥胖的風險高或低的分類問題。若你有大量資料（個人手機上儲存的步行記錄、人口結構資料、健康資訊等等），以及肥胖者的特徵等資訊，你可以讓機器學習演算法去學習如何使用資料來辨識變肥胖的風險的特徵跡象。不同於線性迴歸，使用機器學習這項工具時，你不需要太關注於辨識及衡量指向疾病風險的變數（雖然，使用機器學習就能推論出這些變數），因為你是要建立一個能做出準確**預測**的學習模型。使用機器學習技法時，你通常較少涉入學習過程：不必挑選該使用哪些變數，讓電腦演算法去選出正確的特徵（變數）組合。有適當數量的資料，機器學習的預測表現通常優於傳統的統計學預測方法。

　　下文討論使用機器學習來拯救生命與節省資源的例子。我們挑選了一個醫藥領域的例子、一個與教育有關的例子，以及一個無人機技術領域的例子，展示機器學習在解決問題上的廣泛應用。

在預測睡眠呼吸中止症方面，電腦比醫生做得更好嗎？

　　機器學習變得如此盛行的原因之一是，在特定領域內它展現優於人類判斷力的預測能力。由學生領導、致力於使用機器學習來解決社會問題的羅德人工智慧實驗室（Rhodes Artificial Intelligence Lab）的共同創辦人、牛津大學博士班學生羅根・葛拉罕（Logan Graham）及布洛迪・佛伊（Brody Foy）領頭發展出一個機器學習模型，這個模型預測孩童在臨床檢查後的 6 至 12 個月之間是否會發作睡眠呼吸中止症，結果，這

個機器學習模型的預測能力優於專業醫生。這個模型使用一項簡單問卷調查獲得的資料──包含有關於人口結構、病患的身體質量指數（BMI）、哮喘及胃食道逆流之類共病症的資訊──來預測，其預測準確度一貫地優於臨床醫生達 20%。羅根推測，這個模型沒有醫生在決策過程中的偏見，或是考慮到醫生可能忽略的一些預測性特徵，因而表現優於專業醫生。他們建立的模型使用的是母體資料，而醫生檢視的是個別病患。縱使是只有四百多個病患記錄的較小樣本數，這套演算法也表現得相當成功。傳統的睡眠呼吸中止症診斷需要病患接受昂貴且侵入性的睡眠檢查，降低偽陽性篩選的預測性機器學習模型可以為病患及醫生節省可觀時間與金錢。

羅根指出，對於涉及預測未來結果的問題，機器學習非常實用。但他也提醒，預測性問題需要與母體分布高度吻合的資料集，他們的睡眠呼吸中止症機器學習模型使用的資料來自於被臨床醫生標記為有睡眠障礙風險的病患，因此，若要把這工具用在一般民眾的預測性診斷，將需要不同、而且更大的資料庫，才能做出比較準確的預測。重點是，機器學習是預測一個結果，而非了解問題的解方或如何決策。

用電腦來安排校車路線

麻省理工學院研究人員發展出一套演算法，為 3 萬名學生優化校車路線，這讓波士頓公立學校系統節省了 500 萬美元。之前，校方以人工作業方式來規畫校車路線，這是相當費力的工作，每年得花上數週時間做此事。但麻省理工學院的這套演算法只需要跑幾分鐘，並且去除以往

650 輛校車行駛通往 230 所學校的一些路線。

　　巴士路線投資在建立一個電腦運算工具，可以長期節省時間與金錢。這套演算法把規畫巴士路線的流程自動化，人類可以用直覺規畫流程，但這需要做很多的運算，交給數學演算法來執行既省時又省力，這是一個很適合自動化的問題。路線規畫系統得年年運行一次，但不需要每次使用它時修改基本決策引擎，而且也不需要人為決策，相反地，人的監督干預可能會妨礙這套系統本身的決策流程。我們有客觀的外部標準可評估演算法成效。

用無人機來發現鯊魚

　　在全球各地的許多海灘，鯊魚攻擊是個嚴重威脅，置網是一種常被用來降低鯊魚攻擊風險的做法，但這種方法的金錢成本甚高，網纏也傷及許多物種。澳洲的麗珀公司（Ripper Corp.，第 8 章將對此公司有詳細的討論）提出了新的解決方法，結合使用攜帶相機的無人機和機器學習。使用機器學習來發現鯊魚，靈感來自澳洲出版商、國際救生聯盟（International Lifesaving Federation）第一任會長、麗珀公司的共同創辦人凱文・韋爾登（Kevin Weldon），以及澳洲第一位太空人保羅・史庫利・鮑爾（Paul Scully）。

　　這個解決方法如下：無人機偵察海灘把拍攝的影像傳回任務中心。麗珀公司和雪梨科技大學的機器學習專家合作，發展出一套解讀形狀的演算法，根據不同於海豚或人類的形狀，預測鯊魚的出現。當演算法偵察到鯊魚，由操作員確認後，海灘巡邏員立即對游泳者發出警告與撤

離，直到無人機確定不再偵察到鯊魚的蹤影為止。

這套演算法的平均精度均值（mean average precision，簡稱 MAP）為 90.4%，這是使用真陽性和偽陽性計算出來的，這裡的精度指的是在所有影像中，正確辨識出鯊魚影像的數目（圖 6-9）。這是相當不錯的平均精度均值，但偽陰性（有多少鯊魚未被辨識出來？）呢？這似乎很重要！不過，能夠高精度地辨識出海豚之類的其他物種的能力被視為有助於降低偽陰性次數。跟其他的深度學習演算法一樣，預期隨著資料的增加，這套演算法的精準度將會提高。[12] 此外，預期多光譜相機之類的追蹤技術會進步而提供更佳的海洋穿透力，尤其是陰天時。

麗珀公司團隊展望未來的海灘將會使用以下 3 種技術：

一、綁線無人機系統——拍攝海灘全景的無人機與電纜連線充電，能夠全天候運作，但最可能是在海灘有救生員值班的時段。

二、一套機器學習演算法連結至無人機影像，在鯊魚接近衝浪者時

圖 6-9　辨識鯊魚影像

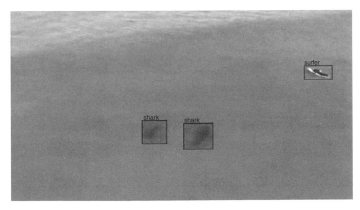

發出警告。

三、一種名為「鯊魚盾」（shark shield®）的無人機負載設備，投向有鯊魚接近的衝浪者，鯊魚盾發出電磁脈衝，讓鯊魚感受到短暫的肌肉痙攣，離開電場。

從上述這些例子可以看到，當你想得出很準確的模型或優化路徑時，當你不太在意去了解影響決策流程的重要變數時，機器學習很管用。通常你已經了解決策機制，但它複雜、而且你有很多各式各樣的資料例子時，機器學習最實用。機器學習神經網路可以把複雜流程（例如型態辨識的人類視覺）自動化，產生很好的結果。不過許多企業決策欠缺使用機器學習演算法所需要的大量優質資料[13]，此外一些企業及生活的決策需要對過去事件及未來問題的主觀直覺，或是涉及猜測其他方的反應，這些都不存在於資料裡。你能想像把遷居哪個城市的決策交給一台機器嗎，這個機器的演算法仔細衡量幾千個人的偏好及考量你的情況，為你做出決定。你可能有興趣看看機器得出的結果，但不會讓它為你決定。

眾包演算法

除了在團隊內做複雜分析，我們現在也能走出組織，利用更多的分析力量。企業尋求解方，外面的團隊能提供點子，「眾包」是媒介與撮合這兩者的一條途徑。以往，企業委託外面的顧問與專家協助解決困難問題，現在，企業可以使用「眾包」這條途徑，常見的一種形式是祭出

獎金，舉辦競賽，通常這種解決問題的競賽以「駭客松」（hackathon）形式進行，為期一或多天，由參與競賽的程式設計師及分析師使用可得的資料，為提出的問題找出最佳解方。

凱歌（Kaggle）就是一個舉辦這種競賽的平台，競賽的獎金金額、挑戰內容及參賽者類型形形色色，以下是一些最近的例子。[14]

一、美國國土安全部祭出獎金 150 萬美元，提出的挑戰是發展一套旅客安檢演算法，總共吸引了 518 支團隊參賽。

二、線上房地產公司碁樓（Zillow）徵求預測住屋價值的模型，共有 3779 支團隊參賽，脫穎而出的團隊獲頒 120 萬美元獎金。

三、徵求預測貸款人違約的演算法：評估 25 萬名貸款人的資料，提出最佳預測演算法，預測貸款人將在未來兩年陷入財務困境的機率，獎金 5,000 美元，共有 924 支團隊參賽。

四、大自然保護協會（羅伯在此協會的亞太地區分會擔任董事）舉辦競賽，徵求設計模型，使用漁船上相機辨識魚種，據以估計魚獲量及魚群。獎金 15 萬美元，總計吸引來自全球各地的 293 支團隊參賽。

五、使用機器學習，預測在鐵達尼號上的倖存者：有超過 10,000 支團隊參賽，他們獲得這艘船的艙單、乘客及倖存者的資料。

「良好判斷計畫」（The Good Judgment Project）組織是大規模地把眾包應用於做決策的例子，其創辦人菲利普‧泰特洛克（Philip Tetlock）以群眾智慧理念推出這項計畫及網站。[15] 若有夠多人參與一項預測，將

可以把任何一個參與者的偏誤給抵消掉，得出比單一一個預測者更準確的結論。這就像一群人猜測罐子裡的彈珠數量：單一一次的猜測可能離正確數字差得遠，但當把夠多人的猜測匯集起來時，偏差就會被抵消掉，群眾通常會得出正確結論。對於重大、有時很特殊的世界事件，群眾預測往往準確得驚人，包括有關於軍事入侵的預測，最佳貢獻者被封為「超級預測者」，《超級預測》（*Superforecasting*）一書就描述了整個過程。[16]

　　圖 6-10 中的決策樹幫助決定是否該使用眾包競賽，而非其他方法（例如委託給專家）。這個決策樹考慮是否有一個明確、可達成的目標，可用的資源多或少，冒險意願及冒險的成本。不意外地，凱歌

圖 6-10　何時使用競賽與獎金的眾包形式來解決問題？

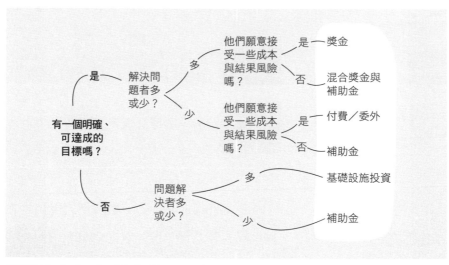

資料來源：Jonathan Bays, Tony Goland, and Joe Newsum, "Using Prizes to Spur Innovatiob," McKinsey Quarterly, July 2009.

（Kaggle）平台上有尚未產生贏家的高額獎金競賽項目，其中包括尋找癌疾治療法的競賽，你可以看出它為何是個短期內無法達成的目標，因為很少人相信他們能勝出，而且其中涉及的風險及成本很大。

　　伊隆·馬斯克（Elon Musk）的超級高鐵（Hyperloop）計畫企圖快速推進運輸技術，目前正在研發中的運輸艙將以接近超音速載運長途乘客。這項計畫有明確定義的目標，有大批形形色色的解決問題者，其中許多人是學生，願意接受風險，渴望特殊體驗，因此，SpaceX 的超級高鐵計畫競賽是測試眾包力量的一個好例子。在有了一條可供進行測試的軌道時，SpaceX 於 2017 年 1 月舉辦超級高鐵運輸艙設計競賽，藉由競賽，可以增加能夠同時探索的原型數量。超級高鐵是否為一個可行的概念，目前尚無定論，但此計畫正在以 10 年未見的方式利用資源。

賽局理論思維

　　截至目前為止，我們討論的分析大槍砲大致上是統計學方法，另一種解決複雜問題的強大工具是賽局理論。在商場及生活中的競爭情況中，你的行動會影響他方，他方的行動會影響你，因此，我們把他方稱為「對手」。舉例來說，你的策略必須考慮要選擇與對手激烈競爭或與對手合作（在競爭法允許之下），這些策略行動有時歷時多個小時、多天、多年。我們使用賽局理論思維來探索選擇和競爭者的選擇，建立一個邏輯樹。為了評估我們該向對手的行為做出怎樣的反應，我們通常會創造一個模擬情境，把團隊區分為一支攻擊隊和一支防禦隊，採取迫使另一家團隊必須做出反應的一系列行動。我們盡可能在一天的研習營中

涵蓋 18 個月的行動模擬，之後我們再度集合，讓事業單位領導人思考行動及反應以及每一方訴諸其最佳策略之下的可能結果。賽局理論家使用「最大值最小化」（minmax）及「最小值最大化」（maxmin）之類的詞彙來描述策略，「最大值最小化」指的是選擇把最大損失予以最小化的策略，「最小值最大化」指的是選擇把最小收穫予以最大化的策略。這些正式賽局的理論超出本書能夠仔細討論的範圍，它們涉及站在對手立場設想，思考對手可能的反應。但在困難的競爭與對立的解決問題情況下，這是一個正確的工具。

以下用兩個例子示範賽局理論思維，一個例子來自商界「我們該打官司嗎？」，另一個是個人例子「網球賽中，我該把球發到什麼位置？」。

我們該打官司嗎？

詢問企業人士：「我們該打官司嗎？」，通常得到的答覆是：「不要」，打官司涉及結果的不確定性、冗長的纏訟期以及高成本。但是，有時候打官司是有道理的，賽局理論思維是一個幫助做出此決定的實用框架。我們來看看澳洲聯邦科學與工業研究組織（以下簡稱 CSIRO）對抗包括微軟、英特爾、戴爾、惠普在內的舉世最大科技公司以捍衛 WiFi 專利的例子。這故事歷經超過 10 年，各方起先採取消極行動，後來的行動愈來愈積極好鬥，策略最終的結果是 CSIRO 獲得 4 億美元賠償金，用來資助有利於澳洲國家利益的更多研究。

CSIRO 認為 WiFi 技術很有價值，它的專利受到侵害，有權要求獲

得合理的使用費。另一方面，使用此技術的科技業巨人公司認為，基於許多理由，此技術的移轉價格應該為零，這些理由包括 CSIRO 是一個公帑資助的研究機構。CSIRO 對美國政府的簡報這麼說：「CSIRO 嘗試授權此產品，2003 年及 2004 年時，它發現了侵害其專利的產品，發函給 28 家公司，請求它們討論取得 CSIRO 授權的條款，那些公司不接受 CSIRO 的提議。」[17]

CSIRO 必須決定要不要打官司，它面對的是電腦及網路領域的巨人公司，財力雄厚、專利權官司經驗豐富。除了訴訟成本和有利結果的不確定性，CSIRO 還面臨被這些科技公司反訴的潛在成本。另一方面，若不捍衛專利，未來可能在美國的授權交易開一先例。

CSIRO 最終決定打官司，決策過程如下：當時的 CSIRO 事業發展與商業化事務主管梅赫達·巴蓋（Mehrdad Baghai，本書作者查爾斯和羅伯的前同事）這麼說：「回到一開始，首先必須確信我們可以打官司索賠，公司花了約 100 萬美元取得專家的初步建議。接著了解，若勝訴的話，預期可以獲得多少賠償金，我覺得至少是 1 億美元，有可能超過 10 億美元，但必須投入 1,000 萬美元的初始訴訟費。粗略計算，我們需要 10% 的勝訴機率，這機率容易可得。我也覺得，萬一訴訟成本膨脹得太過頭，我們有一個備胎方案，也可說是一個放棄方案，把全部或部分的索賠賣給一個擅長智慧財產權訴訟的團體。」[18] 在決定打官司後，他們開始使用賽局理論思維打贏此戰，過程如下：

在事業競爭策略中，分割線通常是「在何處及如何競爭」。策略常被描述成對比競爭者的市場區隔選擇，以及在成本或價值上競爭。

CSIRO 對 WiFi 專利的捍衛戰如何歷時演變，採取一系列行動來更加了解對手的意圖，再決定採取什麼行動，把勝訴機會提升至最高。

CSIRO 的對抗策略從起初不成功的消極方法（寫信請求對方主動取得專利技術授權），到後來的控告科技業巨人公司。更戲劇性的是 CSIRO 選擇「在何處競爭」的策略，決定一開始該瞄準哪些對手（參見圖 6-11）。它選擇首先控告中小型網路公司巴比祿科技公司（Buffalo Technology）專利侵權，這被稱為是一樁測試案。巴比祿不是美國的科技業巨人，它是一家日本公司，在美國專利官司方面缺乏經驗，而且在當時，該公司幾乎完全倚賴正在快速過渡至 WiFi 的網路技術。CSIRO 的顧問檢視美國的專利訴訟記錄，評估勝訴的可能性，他們注意到，專利持有人在德州東區聯邦法庭的勝訴率較高，訴訟審理也遠比其他法院快。1995 年至 2014 年期間（這段期間包含這樁 WiFi 專利侵權索賠案），原告在德州東區聯邦法庭的勝訴率為 55%，高於總體平均勝訴率 33%。他們也注意到，專利侵權訴訟案審理採陪審團制之下的原告勝訴率高於無陪審團制；2005 年至 2009 年期間，這兩者的原告勝訴率分別為 77% 及 58%。[19]

CSIRO 對巴比祿科技公司提出控告後，包括英特爾、惠普、微軟及戴爾在內的其他侵權者反訴，CSIRO 必須決定對此挑釁行動做出什麼反應。翌年 CSIRO 做出反應，在侵權名單上加入另外 8 家公司。很快地，CSIRO 在陪審團庭審上面對 14 家公司，對峙持續，惠普首先與 CSIRO 和解，另外 13 家公司跟進，和解金 $2.05 億美元。CSIRO 於 2009 年向 AT&T、威訊通訊（Verizon）及 T Mobile 提起的訴訟在 2012 年庭審之

圖 6-11　大衛對抗巨人歌利亞，WiFi 專利侵權

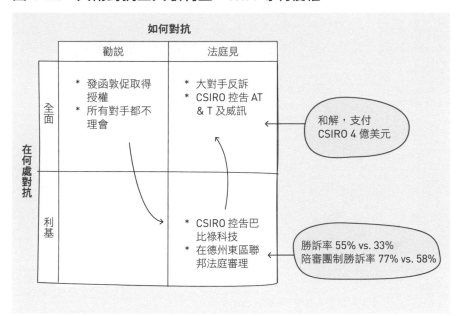

前以 2.2 億美元達成雙方和解，此時離專利權過期只剩下一年！

打官司的決策需要使用考量對手將做出怎樣反應的解決問題方法，在此案例中 CSIRO 聰明地挑選一個薄弱的對手，挑選一個對專利持有人有利的法庭，展示捍衛專利權的行動，接著，它選擇從一個更強硬的地位來對抗更強大的對手。此外，CSIRO 一開始已經決定，他們負擔得起損失 1,000 萬美元來打這場訴訟戰。

網球賽中該把球發到什麼位置：賽局理論例子

許多人打網球，因而研究打網球時的競爭策略。耶魯大學管理學院

的賽局理論家貝瑞·內爾巴夫（Barry Nalebuff）和策略經濟學家艾維納

許·迪希特（Avinash Dixit）在他們的合著中分析該把球發到什麼位

置，他們的答案既簡單又有力。[20] 他們的建議是：藉由讓每次的發球顯

得隨機，消除可預測性，以及 40% 的時候把球發到對手的正手拍處，

60% 的時候發到對手的反手拍處。這分析把發球落點區分成兩類——發

到對手的正手拍位置或發到對手的反手拍位置，以及接球方預期發球會

落在他的正手拍或反手拍位置。若把球發到對手的正手拍位置，而他預

期到並且移向正確位置，那麼他成功回擊的可能性最高。內爾巴夫和迪

希特製作了一張報償表（圖 6-12）來展示此結論，這結果表的四個象限

說明如下：

- 若你把球發到對手的正手拍位置，而且對手預期到了，他們成功
  回擊的機率是 90%。
- 若你把球發到對手的正手拍位置，對手未預期到，他們成功回擊
  的機率只有 30%。
- 若你把球發到對手的反手拍位置，而且對手預期到了，他們成功
  回擊的機率是 60%（假說他們的反手拍較弱的話，多數業餘者的
  反手拍較弱）。
- 若你把球發到對手的反手拍位置，對手未預期到，他們成功回擊
  的機率只有 20%。

　　羅伯把這些發現謹記於心，嘗試在球場上應用。羅伯是個左撇子網

球業餘玩家，多數時候在草皮球場或人造草皮球場打球。

圖 6-12　接球方成功回擊的機率

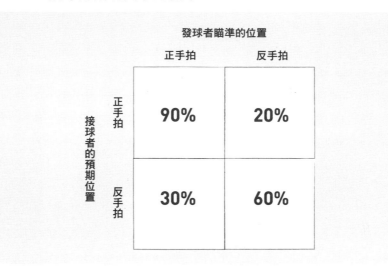

資料來源：Avinash K. Dixit and Barry J. Nalebuff, *Thinking Strategically* (W.W. Norton, 1991).

內爾巴夫和迪希特的這本合著《策略思考》(*Thinking Strategically*)出版於 1991 年，此後網球拍的技術出現了大改變，發球勁道也隨之改變。現在的球評把發球落點區分為三類——外角（wide）、近身（to the body）、中線（down the T），如圖 6-13 所示。觀看現今的高手接球時，你會發現，他們通常站在與發球者成 45 度線的位置，他們不會預期太多，就只是找個最有機會成功回擊這三類發球落點的位置。羅伯想知道，這是否使得內爾巴夫和迪希特的結論——發球者必須使每次的發球顯得隨機而具有高度不可預測性，以及 40% 的時候把球發到對手的正手拍區，60% 的時候發到對手的反手拍區——變得無效了呢？

資料分析幫助我們解答這個疑問。自從使用鷹眼技術來判定球落在

圖 6-13　三種發球落點

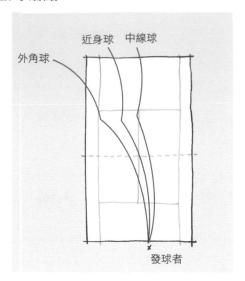

界內或界外後，我們可以分析發球者在發球時的實際做法，衡量可預期性。我們也可以把分析師所稱的重點分（important points）或關鍵分（clutch points）——亦即比分來到 30-40 與佔先／領先（advantage）時，此時總是把球發向對手的左半邊場區（Ad court）。GameSetMAP 使用 GIS 技術檢視 2012 年倫敦奧運時安迪‧莫瑞（Andy Murray）對上羅傑‧費德勒（Roger Federer）的決賽，那場決賽，莫瑞以直落三贏了費德勒。他們檢視後發現，莫瑞在這場比賽中的關鍵分發球比費德勒的關鍵分發球更具空間變化（亦即可預測性更低），八次發球有七次發外角球至費德勒的反手拍位置。[21] 這聽起來不像是不可預測，但是，莫瑞把球發到費德勒的反手拍位置，那是費德勒的較弱邊，而不可預測性則是

來自莫瑞在中間發了一個朝往不同方向的球，播下了懷疑的種子。在關鍵分時，左撇子大多把球發向對方的左半邊場區，因為發大外角球至右撇子球員的反手拍位置對他們有利，這是一個武器，因此你會使用它。在佔先時，左撇子拉斐爾・納達爾（Rafael Nadal）大概有三分之二的時候會發外角球，但其餘時候會混合發近身球及中線球。

　　賽局理論問題可以用「決策樹」或「報償矩陣」（payoff matrix）來呈現分析，我們把上述因素繪成一個決策樹，幫助羅伯思考該如何決定把球發向什麼位置。我們從發球者是左撇子抑或右撇子起步，接著依序考慮對手是左撇子或右撇子；較強的是正手拍或反手拍；球是發向對手的左半邊場區（Ad court）或右半邊場區（Deuce court）。我們的決策樹就到此為止，因為就已經涵蓋了必要的考量因素。（若求完整性，可以再加上另外兩枝樹枝：這是關鍵分的發球抑或普通分的發球；這是第一發球抑或第二發球。）此決策樹的分析結果如圖表 6-14 所示，只展示其中兩種情況：右撇子發球給右撇子（例如費德勒 vs. 莫瑞），以及左撇子發球給右撇子（例如納達爾 vs. 費德勒）。圖 6-14 中建議的發球方向比例實際上是條件機率，可以看出它們的變化頗大，主要視對手及你是在左邊發球區或右邊發球區發球而定。分析的結論是，不再是 40 ／ 60 的簡單組合了（40% 的時候把球發到對手的正手拍區，60% 的時候發到對手的反手拍區），而是更多種組合。

　　所以網球高手總是站在底線，根據這些因素、這分的重要性以及是第一發球或第二發球來做出他們自己的演算，決定發什麼球。《策略思考》一書的結論──使每次的發球顯得隨機──依舊是好建議，只不

圖 6-14　網球賽中，該把球發到什麼位置？

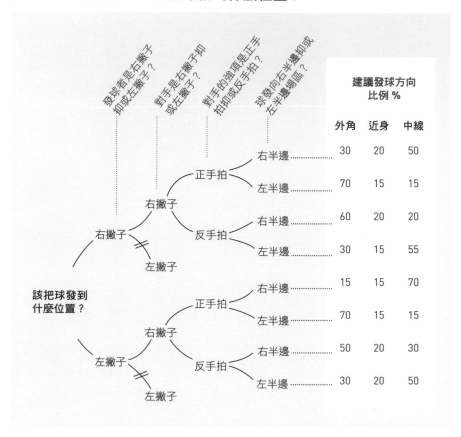

				建議發球方向比例 %		
				外角	近身	中線
		正手拍	右半邊	30	20	50
			左半邊	70	15	15
	右撇子	反手拍	右半邊	60	20	20
右撇子			左半邊	30	15	55
	左撇子					
		正手拍	右半邊	15	15	70
			左半邊	70	15	15
	右撇子	反手拍	右半邊	50	20	30
左撇子			左半邊	30	20	50
	左撇子					

過，在利用你的長處及對手的弱點方面的不可預測性降低了，這是每一個賽局理論家的主要目標。我們得出的有關於發球方向的結論是取決於三至五個疑問（或因素），當你站在發球線上時，必須快速考慮這些因素。我們的分析結果是如同《策略思考》一書作者所言的混合策略，但就左撇子而言，明顯較佳的策略是在關鍵分及第一發球時，把球發向對

手的反手拍區。試試把你自己放進決策樹中，分析和你的固定球友單打對抗時，在重要分的發球時刻你應該把球發向何處。

　　複雜問題往往需要使用本章介紹的大槍砲分析，我們已經檢視了解決問題者現在能使用的先進工具，我們預期，隨著可利用的大資料集增加，實驗變得更便宜以及套裝軟體與腳本語言變得更廣為使用，這些工具在未來將被使用得更多。切記，做分析時，在使用較複雜先進的工具之前，先使用已經過時間考驗的捷思法、簡單統計學及根本原因分析。初始步驟可能使你認為你的問題狀況並不需要用到較複雜先進的工具，若你的問題狀況需要用到更先進的工具，這個初始步驟也能提供重要資訊，幫助你研判該使用哪種先進工具。

本章重點 ────

- 想解決許多複雜問題，需要覺察及懂得使用先進的分析工具。

- 起始點總是這個──透過繪圖、視覺化以及統計摘要，徹底了解資料。

- 該使用哪種先進工具，通常取決於找出影響因素以制定干預策略，或是想預測結果藉以做出規畫。

- 在大槍砲軍械庫裡，實驗是強大、但常被忽視的工具；若你無法做實驗，有時可以想辦法找到一個自然實驗。

- 在許多問題領域、機器學習嶄露頭角，成為強大的工具；我們主張，在使用深度學習演算法之前應該仔細了解問題結構，建立假說。糟糕的資料和糟糕的模型可能導致重大錯誤，而且這些模型

提供極低的透明度。

- 你可以透過凱歌（Kaggle）之類的眾包平台，把解決問題的工作外包，包括深度學習。

- 當問題涉及對手，而對手可能因應你的選擇而改變行為時，你可以訴諸賽局理論方法，用邏輯樹來分析最佳行動方案。

換你試試看 ────

一、使用圖 6-1 的框架，你會選擇使用哪種大槍砲來了解心理健康問題的導因？

二、思考要如何預測下屆奧運獎牌數最高的前五名國家。

三、你會在企業或非營利組織中，如何使用實驗來檢驗在社交媒體上打廣告的成效？

四、若你認為某個競爭者盜用你的智慧財產，你會如何使用邏輯樹來決定是否向法院控告此競爭者？

第 7 章

統合分析，
講一個好故事

　　7 步驟流程的最後階段是「統合分析發現，講述一個有說服力的故事」，這可能是最有趣的部分。這是你的所有努力的高潮，幸運的話，解答了你要解決的疑問，若做對了，你的結論將是個引人入勝的故事，有事實、分析及論證的支持，使聽眾相信你的建議。這有助於吸引志願

者加入你的社會理想行列，資助你的社會性組織、新創公司、增進家庭和諧、或是提升對自己的職業途徑的信心。良好的解決問題以及伴隨而來的說故事使生活變得更美好，因為妥善的解決問題改善了環境。

當然事情未必如此完滿，多數讀者大概有這樣的經歷：在工作上或是志工組織裡做一項計畫，歷經了分析階段接著無疾而終。解決問題流程後面階段的失敗，有一些原因：巨大的模型還不完善、產生了大量資料，但沒有一個清晰觀點、訪談或市調資料存在矛盾、或團隊成員對於正確地前進路徑看法分歧。年輕時，我們很怕看到緊張的簡報詳細結果、但未能形成一個具說服力的故事，在麥肯錫，這種情況被稱為「焦慮不安地展示知識」（anxious parade of knowledge，簡稱 APK）。

若遵循 7 步驟流程，應該不會發生團隊陷入僵持、分析得出困惑結論或空洞的 APK 情形，你將從分解步驟得出邏輯樹，產生堅實而且可檢驗的假說；你將循著良好的團隊流程，浮現各種初步假說，避免確認偏誤及其他解決問題時的常見錯誤；你將已經在解決問題流程中的任何一個時間點上使用「一日解答」來摘要目前得出的最佳了解，並以統合最佳證據做為佐證。

本章討論如何從「一日解答」過渡至更完整的說故事，介紹如何統合資料與分析的方法——使用金字塔結構歸納及演繹地支撐論證，講述動人故事。

統合分析的發現

你的統合工作品質將決定你的決策品質，因此，你應該向你
認識的善於做統合工作的人多重檢核你的觀點，這將非常有
助益。

——瑞·達利歐（Ray Dalio）[1]

邁向動人故事的第一步是統合來自資料收集、訪談、分析與發現模型的發現，若你已經遵循了第 1 章的 7 步驟方法，這一步應該相當簡單明瞭。查爾斯在麥肯錫做第一項計畫時學到了這個方法，他搭機前往加拿大卡加利市（Calgary）與客戶開第一次會議，上了飛機發現鄰座是此計畫的資深合夥人，他向查爾斯點頭致意後就繼續做他的事，急快地在一疊紙上寫東西，時而撕掉紙張。查爾斯鼓起勇氣問他在做什麼，他回答：「我在寫最後的簡報。」最後的簡報？怎麼可能？他們都還未見過這位客戶呢！這位資深合夥人回答：「我知道我的假說仍是初步階段，其中一些假說一定是錯的，但若我現在就猜測答案，等到我們和客戶的團隊開會時，我就知道要提出什麼疑問了。」他說的沒錯，設想一些假說，可以使團隊從第一次會議就開始聚焦收集資料。

我們建議的流程是，在每個階段根據「一日解答」中的堅實假說和工作計畫的分析交互作用，作出迭代。到了後面階段，你應該已經檢驗過各種假說，有些假說被接受，有些被棄絕，走入死胡同的分析被刪除，定期團隊會議（若要解決的是生活問題，你可能得邀請親友和鄰居

組成臨時團隊）應該已經開始用具有說服力的方式把分析和浮現的發現關連起來。

邁入最後的統合階段，應該把邏輯樹每一個枝節獲得的個別發現匯總成一幅全圖。人類在多數時候是視覺型學習者，因此用圖表形式來呈現分析工作獲得的發現與洞察很有幫助。最給力的視覺化是在修改後的邏輯樹架構上把每一張圖表呈現為樹枝，圖 7-1 是第 1 章介紹的五金公司之戰的例子。

這種把發現予以視覺化的做法照亮了整個問題，浮現分解與結合個別樹枝分析後浮現的洞見。我們可以看到整個故事開始從營收、成本及資產生產力等個別樹枝浮現出來：檢視兩者營收成長曲線，我們得知家得寶的業績勝過好新閣的業績；檢視售價資料、採購成本、物流費用、間接成本、商店設計及存貨週轉率，開始繪出造成兩家公司不同的營收成長之因的更完整面貌。較低的售價驅動較高的銷售成長，銷售量以及較佳的商店設計與物流系統，促成較高的資產與存貨週轉率和較低的每單位銷售成本。圖 7-1 裡的圖表統合起來，開始述說關於兩個互競事業模式的生動故事。

我們鼓勵你把從分析獲得的資訊繪成圖表，把發現綜合起來。有一些不錯的入門書籍介紹如何使用我們在麥肯錫的方法，例如金・茲尼（Gene Zelazny）撰寫的《用圖表說故事》（*Say It with Charts*）、柯爾兒・諾瑟鮑姆・娜菲克（Cole Nussbaumer Knaflic）的著作《Google 必修的圖表簡報術》（*Storytelling with Data*）。[2] 年輕的羅伯在紐約從事顧問工作時，帶著他的分析發現去見茲尼，茲尼說：「羅伯，你在說什麼

圖 7-1　投資資本報酬分析──好新閣 vs. 家得寶

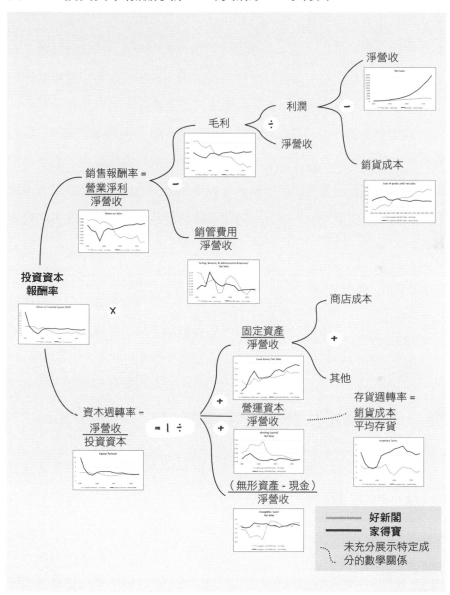

呢?這些圖表其實並不支持你剛剛告訴我的結論啊,所以把它們丟掉吧。我真正感興趣的是,你說這客戶的市場占有率下滑,但你沒有一張顯示這個論點的圖表,應該用圖表來佐證你的發現。」儘管茲尼總是展現正面與鼓勵的風格,這有時是蠻挫折、嚴苛的過程,但它是年輕顧問學習如何統合發現、並用圖表來佐證的新兵訓練營。

跟其他步驟一樣,優良的團隊流程在這步驟也很重要,我們喜歡召集整個團隊一起做整合工作,讓每個團隊成員向全團隊報告他們的分析與結果。這麼做提供了對各種假說進行壓力測試的另一個檢查點,也建立一個基礎,從簡單的〔情況─觀察─解決〕故事摘要,邁向更完整且有佐證的論述。

這個階段通常會浮現在樹枝層級分析時不明顯的大洞見。在第 8 章即將討論到的必和必拓集團(BHP)的案例中,原本是要分析投資礦藏的可行性,但研究團隊的深入分析與整合顯示,為了開採這座礦藏而需要做出的運輸基礎建設投資也能釋出其他附近礦藏地的巨大潛在價值。

從「一日解答」到「金字塔結構」

從最早的問題定義到工作計畫及完成分析,我們的推理變得更加完善,圖 7-2 展示了這個演進過程。

在早期階段,我們用設計得宜的分析來對資料進行豚跳,這是推理得出含義的過程。我們使用〔情況─觀察─解決〕的架構來假說一個「一日解答」,我們持續用工作計畫及團隊流程架構下的分析來對一日

圖 7-2　推理模式的演進

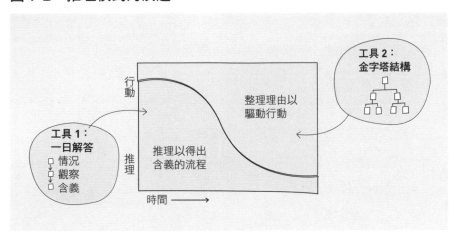

解答進行壓力測試。如同第 3 章敘述的，這些一日解答對整個解決問題流程很重要：情況摘要更新對問題的最佳了解；觀察可幫助看出問題的緊張狀態、什麼行不通、以及解法的最佳洞見；解方就是我們對解答的最佳路徑的了解。

　　伴隨執行工作計畫，以及關鍵路徑分析開始得出果實，推理模態從了解轉進至整理理由以驅動行動，我們從陳述分析的含義邁進至探索這些結果可以如何激發一個變革計畫。7 步驟方法總是朝著推出有證據支持的行動前進，目的是回答：「我們該做什麼，以及我們該如何做？」

講述動人的故事

　　把你的發現統合成一系列經過壓力測試、且具有說服力的圖表後，

你就能進入最後步驟，建構一個動人的故事向聽眾溝通。這最後步驟的起始點是重返你的問題定義表單，回顧：

- 我們試圖解決什麼問題？如何演進？
- 我們的決策者（也許你就是決策者）事先訂定的主要成功標準是什麼？你講述的故事中必須明白地反映這些標準。
- 你是否遵守決策者訂定的問題範圍？若否，也許是因為你有展現創造力或決定鬆綁限制以擁抱新可能性的好理由，你必須提供這些充分理由。

我們用來陳述故事的視覺結構是傳統上所謂的「金字塔結構」，其實就是把一種邏輯樹側轉個角度而已（參見圖 7-3）。這是傳授給新聞工

圖 7-3　基本的金字塔結構

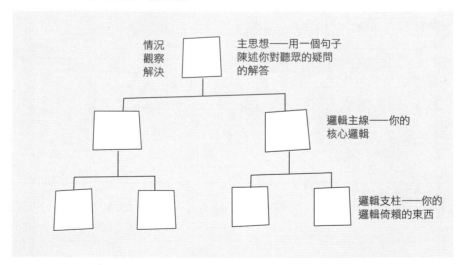

作者及顧問的標準組織結構，我們的麥肯錫前同事芭芭拉‧明托
（Barbara Minto）撰寫的有關解決問題的書籍使這個結構流行起來。[3] 這
個視覺結構幫助清楚地展示資料、訪談及分析如何支持論點中的每一個
成分。

金字塔的最頂部是引言或問題的主陳述，通常最後的〔情況—觀
察—解決〕陳述就是最佳的主陳述。視聽眾而定，你可以改變這三個陳
述的順序，如下文所述，有時候最好是小心地引導聽眾從情況到觀察到
解決，這是你建議的行動。但在多數情況下，我們偏好先回答「我該做
什麼？」這個疑問，再摘要情況及支持行動的主要觀察。

接著使用來自統合階段的洞見，開始填入支持頂部解答的論證。有
多種方法可以做這一步，視解答的性質及聽眾而定，圖 7-4 是常用的兩
種結構。

你可能已經看出來，這兩種結構的支柱分別是第 3 章介紹的產生答
案的兩種方法——基本演繹邏輯（從通則來推斷個別事例）和歸納邏輯
（從個別觀察推出通則／總結論），參見圖 7-5。你可以在同一個邏輯樹
中同時使用歸納及演繹結構。

該在金字塔結構中使用歸納抑或演繹推理並無定則，但明托認為，
經常提到演繹論證可能會令人覺得不自然或賣弄。

在這節的最後，來看看五金零售公司之戰的完整敘事，參見圖
7-6。這張圖表把我們在分析階段獲得的證據匯總成統合的發現，然後
說故事——好新閣必須趕快改變事業模式，才能應付來自家得寶的競爭
威脅。

圖 7-4 建構你的論證

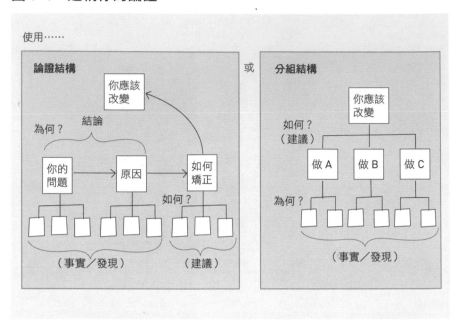

圖 7-5 論證類型

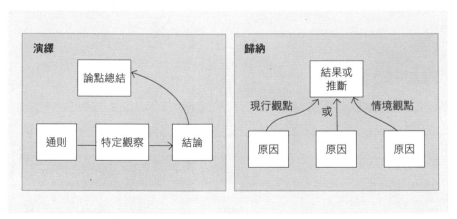

圖 7-6 好新閣故事情節稿

解決： 好新閣必須設法發展與實行一種較低成本、較高數量的五金零售商模式，以在家得寶目前營運或打算進入的市場上競爭。

情況： 在好新閣擴張的同時，市場上已經出現一種新的倉庫型五金大賣場模式，並且打算擴張，進入好新閣的市場。

觀察： 家得寶能夠把售價訂在低於好新閣 15% 的水準，該公司有較高的資產週轉率，而且它的營收正快速成長。

家得寶的低成本與高數量倉庫型五金大賣場模式為五金零售業帶來新革命

倉庫型五金大賣場的營收比傳統五金店高 50%，較低的售價吸引較多的顧客流量

好新閣必須在短期內改變事業模式，避免在市場上與家得寶對衝

---

* 越庫作業模式和直接出貨促成較低的物流成本
* 高數量使得採購成本及銷管費用較低

存貨與資本週轉率較高

在相同的資本報酬率之下，家得寶的售價低了 15-18%，建立起顧客群，並助長擴張

它在每一個都會區排擠競爭

並且快速擴張至新市場

* 好新閣必須更新存貨管理及出貨物流流程
* 好新閣應該和其生產商研議高量採購，並調整其產品採購組合
* 好新閣應該開始節約，減少採購、出貨及物流成本，降低售價
* 好新閣必須提高資產生產力

存貨週轉率

好新閣	4.29
家得寶	4.86

家得寶的優勢

-5-7%	估計出貨與物流成本
-5%	估計大量採購折扣
-3%	間接成本

新好閣 vs. 家得寶 1983-1996 年營收

好新閣的營收與營業淨利：10100 9100 8100 7100 6100 5100 4100 3100 2100 1100 100
家得寶的營收與營業淨利：12000 10000 8000 6000 4000 2000

年度：1983 1985 1987 1989 1991 1993 1995

— 新好閣營收
— 新好閣營業淨利
— 家得寶營收
— 家得寶營業淨利

家得寶 vs. 好新閣：每年商店數變化

20 15 10 5 0

1983 1984 1985 1986 1987 1988

■ 新設家得寶店
▨ 新設好新閣店

你可以在一頁紙上看到整個故事，最上方有〔情況─觀察─解決〕結構提供的主思想及行動呼籲，有三個論點支撐主思想，還有支持性的論證及資料做為必須採取行動的證明以及變革行動的處方。這故事情節摘要的下個階段是把整個簡報分鏡，亦即建立分鏡腳本／故事板，我們通常把報告區分成九宮格，每一格有一幅漫畫或草圖，每一格的頂部有故事情節引言，柯爾‧諾瑟鮑姆‧娜菲克稱此為「建立與檢查敘事的橫向邏輯」。[4] 在準備你的溝通材料時，切記人類是說故事的生物，不是邏輯機器人。

如何應付難纏的聽眾

多年前，羅伯和查爾斯為一家位於偏遠島嶼的煉油公司提供顧問服務，該公司隸屬一家更大的澳洲公司旗下。那是一個挺麻煩的情況，這家煉油公司（姑且稱之為 Oilco）的經營管理團隊不滿外國東家干涉他們的事業，他們抗拒變革。我們的顧問團隊竭盡全力，使用在本書介紹的解決問題流程，得出看起來像圖 7-7 的最終答案。

從圖 7-7 可以看出，我們對此煉油廠的建議是顯著降低成本，以成為一個有適度成長的利基型業者。雖然根據競爭者分析得出的結論很堅固，但不是公司經營管理團隊想聽到的。在這種情況下可以使用揭露形式的方法，決策樹結構會優於傳統金字塔結構，圖 7-8 展示了決策樹結構。

使用決策樹最終故事情節結構時，為決策樹中每一枝「是／否」樹枝提供證據，循序漸進地引導決策者朝向你的結論。這麼做是在揭露你

圖 7-7　Oilco 的故事情節

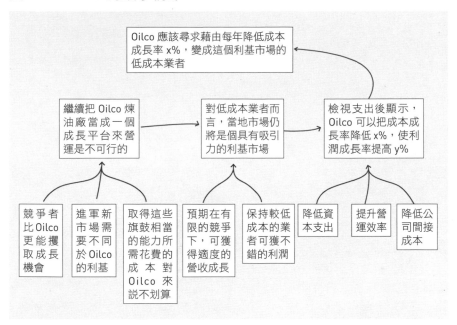

的答案，不是用你的答案來引導。在 Oilco 這個案例中，顧問團隊小心地、層層地揭露具有說服力的競爭者資料，這麼做有助於該公司經營管理團隊漸漸自在地接受最終的困難結論。

　　總結而言，良好的解決問題流程的最後階段是：以凸顯洞察的方式整合分析獲得的發現。接著回顧初始問題定義，以具有說服力、能夠激發行動的方式回答決策者的疑問：「我該做什麼？」。金字塔結構幫助你把論證架構成一個生動具有說服力的故事。

圖 7-8 Oilco 決策樹論證結構

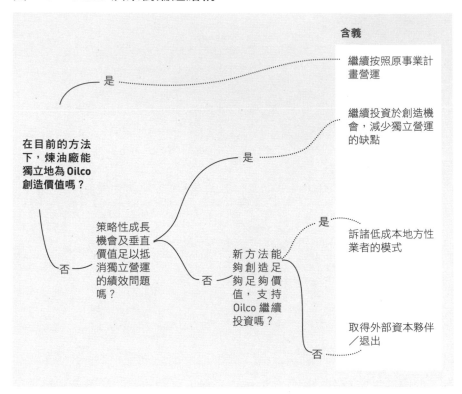

本章重點 ————

- 統合步驟把分析工作的所有部分匯集起來，通常會得出在分析階段沒有注意到的新洞見。
- 為避免「焦慮不安地展示知識」（APK），使用決策樹結構金字塔來組織一個具有說服力的故事。

- 通常在你的故事情節中，頂部的主思想就是你持續更新你發現的一日解答（使用〔情況—觀察—解決〕結構）。

- 多嘗試幾種故事情節結構，看看哪一種最清晰、最令人信服；有時候，一步步揭露的決策樹格式比較適合困難的結論以及難纏的聽眾。

- 使用分鏡腳本來規畫投影片，記得用故事論點做為每一個分鏡／投影片的情節引言（別使用乏味的標題）；閱讀每張投影片，檢查橫向邏輯與連貫性。

換你試試看 ————

一、為第 1 章談到的「羅伯安裝太陽能板問題」建立一個故事情節金字塔。

二、拿一個不錯的新聞報導事件，用金字塔結構建構論證。

三、檢視林肯總統的《蓋茲堡演說》（*Gettysburg Address*）或莎士比亞劇本《凱撒大帝》（*Julius Caesar*）中馬克‧安東尼（Marc Antony）在凱撒大帝屍體旁對群眾發表的演講，他們使用了怎樣的敘事結構，可以讓演講如此動人？

第 8 章

在長時間
及高度不確定性下
解決問題

身為解決問題者，面臨高度不確定性時，我們權衡各種策略、我們涉入風險，尋找在魯莽行動之前的學習機會，在任何可能之處採取降低損失的避險措施，採取建立能力及未來韌性的行動。我們知道，當面對不確定性和長時間時，應該有條理地分析廣泛的可能策略。

從前面多章可以看到，7步驟流程既堅實、而且可應用在廣泛的私人、工作及社會問題上，截至目前為止，本書討論的許多例子涉及低度與中度不確定性（因此犯錯的成本較低），涉及的時間範圍較短。但有些問題涉及的時間長，複雜性與不確定性高，犯錯的後果嚴重，前文提到的「保護太平洋鮭」案例就是這樣的例子。鮭魚的境況取決於許多變數，包括本質上不確定的變數（例如氣候變遷）；物種的成功生存繁衍與否必須歷經數十年才能看出，而非僅僅數月，糟糕結果的影響廣大，包括收入以及生態系損失。我們相信，特別側重迭代的7步驟方法對於高度不確定性的複雜問題，但將在解決問題的工具箱中加入一些框架來幫助應付這類較困難、涉及長期間的問題，其中一些框架應用到第6章的分析工具。

本章定義不確定性程度，以及各種不確定性程度對於解決問題的關連與含義。我們提供一個用升級行動來應付各種不確定性程度的解決問題工具箱，並且用一些案例來示範這些工具，這些案例包括對資源的長期資本投資、職業選擇，研判你的積蓄是否夠支應餘生，研擬包含多項行動方案組合的策略。

不確定性程度

　　了解與評估不確定性的方法很多，包括衡量變異性及條件機率的統計學方法。早年，我們欠缺描述與因應不同程度不確定性的方法，不需做出可能危險的低估不確定性程度的點預測。幾位麥肯錫前同事應付這個需求，提出評估不確定性的五個等級方法。[1]他們在針對不同程度的不確定性研擬行動時，引進了一些今天被廣為使用的新語言，例如「大賭注（big bets moves）」、「無悔（no regrets）」行動。在他們提出的這個模型中，不確定性程度區分為五個等級，從一級（相當可預測的未來）到五級（未知的未知數），參見圖 8-1。前面章節已討論了一級不確定性的情況，例如簡單預測和短期預測，良好的團隊流程可以應付這種情況。更具挑戰性的是二級、三級與四級不確定性。

圖 8-1　不確定性五個等級

不確定性等級		不確定性定義	例子
未知的未知數	5	意外或未預料的的情況	隕石撞擊地球
	4	真正的不明確性，不可能預測	2050 年的曼哈頓海平面
	3	各種可能的未來	2025 年的能源平衡
	2	非此即彼的未來	英國脫歐決定
已知的未知數	1	相當可預測的未來	手機銷售量

- 二級是指立法改變或技術變化可能導致的非此即彼的未來，結果是誰輸誰贏。英國脫歐決定是一個例子，另一個例子是汽車保險公司如何為自駕車上路做好準備，自駕車被允許上路時間框架不確定，汽車製造商在提供保險方面的角色也不明確。這兩個例子涉及的不確定性都可能在 5 年至 10 年之間消失。

- 三級是指有各種可能的未來，但不清楚哪種可能性較高。未來 15 年間，石化燃料在能源組合中所佔的比例就是一個例子，可能的未來情境很多，從相似於現在到佔比非常低都有可能。另一個經常被討論的主題是——在人工智慧、機器學習和機器人等技術進步之下，未來還剩下什麼工作——這得在 10 至 20 年之後才會更明朗。

- 四級不確定性描繪的是真正的不明確性，亦即不可能設想到所有可能結果，或是不可能有把握地預測它們。你可以把 2050 年時的曼哈頓海平面歸屬於這個不確定性等級，但一些氣候科學家可能有不同看法。休・寇尼（Hugh Courtney）在《麥肯錫季刊》（*McKinsey Quarterly*）上更新〈不確定性之下的策略〉（*Strategy Under Uncertainty*）一文時，對早期階段的生物科技投資給了四級不確定性的評估。[2]

- 五級是近乎絕對不期待的事件，以現有的知識與技術，無法預測這類事件，有時被稱為「未知的未知數」（unknown unknowns）。

有別於五級不確定性，一至四級的不確定性被稱為「已知的未知

數」（the known unknowns），我們不把這些等級的不確定性放進「太難」的籃子裡，我們辨識及量化不確定性的等級與類型，藉由管理我們控制的槓桿設法朝想要的結果邁進。接下來較難的步驟是辨識你能採取什麼行動以應付特定等級的不確定性。

在深入這個主題時，切記：對策略問題解決者而言，不確定性可能是好事！避險基金及其他聰明的投資人希望見到不確定且多變的市場——若具有分析優勢的話。若解決問題做得正確，你可以獲得好報酬，在別人困頓掙扎時避開不利。

應付不確定性的邏輯樹

面對二級至四級不確定性時，你能採取的行動很多，從拖延時間（也可以稱此為「什麼都不做，等待更多資訊」），到下大賭注及無悔行動，參見圖 8-2。以下敘述不同等級的不確定性之下通常會採取的行動：

- **買資訊**：可能涉及收集資料和分析根本流程，釐清不確定性源頭及要角的動機。[3] 三級和四級不確定性的資訊可能是靠模擬未來事件來取得，而不是對可觀察到的事件做事實收集。取得完全資訊的成本可能相當高，到了一個點上取得更多資訊的成本將太高而不值得。[4]

- **買避險**：做出一個合理的成本行動或投資，以對沖不力事件造成的影響或損失，例如石化燃料公司投資再生能源；在預期氣候變遷將導致降雨量減少的地區購買水權。有時候，避險行動涉及選

圖 8-2　應付不確定性的行動

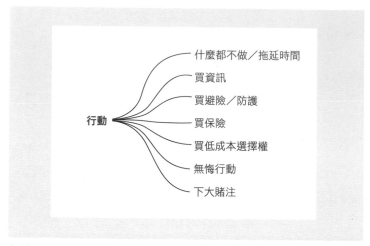

資料來源：Albert Madansky, "Uncertainty," in *Systems Analysis and Policy Planning*, edited by Edwards S. Quade and Wayne I. Boucher (American Elsevier Publishing, 1968); and Hugh Courtney, Jane Kirkland, and S. Patrick Viguerie, "Strategy Under Uncertainty," *McKinsey Quarterly*, June 2000.

擇權、遠期合約或其他金融工具，不過，很少有金融避險機制的持久性能符合許多困難問題所需的避險期間。

- **買低成本策略性選擇權**：透過方案組合，或是同時下注於多匹賽馬。例如，大型金融機構投資於金融科技新創公司取得小比例股權，旨在先了解，再利用那些對既有金融機構構成威脅與挑戰。在第 2 章討論的「報紙 vs. 新媒體」案例中，面對破壞性創新技術時收集資訊有多重要。這些通常是低成本的選擇權，通常涉及下注在競爭的技術。IBM 在個人電腦事業領域輸掉，歸因於未能行使在重要供應商持有的低成本選擇權：「早年，IBM 有財力取得英特爾和微軟的大比例股權，它確實在 1982 年時投資英特爾，

取得 20% 的股權。但是，IBM 在 1986 年和 1987 年以 6.25 億美元賣掉這些股權，10 年後，20% 的股權價值 250 億美元。至於微軟，IBM 在 1986 年有機會以低於 3 億美元的價格購買 30% 的微軟股權，到了 1996 年底，那 3 億美元的投資將價值 330 億美元。」[5] 這還只是財務投資損失而已，學習價值的損失更是難以估算。

- **買保險**：全球氣候變遷的威脅有時被框架成一種保險問題，估計每年約需 1% 出頭的全球 GDP 被用於支付保險費，維持較低的二氧化碳排放量，使氣溫上升低於攝氏 2 度。截至目前為止這還未發生，但朝此前進的國際議定已有一些進展。另外也有保險性質產品針對各種不確定性情況，例如針對颱風或颶風之類事件而發行的巨災債券（catastrophe bonds）。

- **無悔行動**：這是指當你對不確定性程度感到自在時，或以學習來漸進地進入競爭領域時，無論不確定性程度如何都採取行動。不論結果如何，都必須發展新能力的情況。

- **下大賭注**：當你對一個無其他人分享／分攤的結果有信心時採取的行動。敘述在美國投資於賣空次級房貸信用違約交換（subprime mortgage credit default swap）的《大賣空》（*The Big Short*）及同名電影，就是在高度不確定性之下的大賭注例子。[6] 書中敘述的幾個投資人覺得房貸證券價格已經高得離譜，因此趁其他人不備之時採取大賣空的大賭注行動。同樣的，當不確定性消除時大賭注也可能搞砸，使得資產投資被困住。例如，10 年前西班牙的太陽能發電投資的電力回購價格看起來高到不可能為

真，在此案例中，事實最終證明，投資人對於當地政府行為所做出的假說不正確。當不確定性程度為二級或更高時，多數決策者將延遲作出不可逆轉的行動，若沒有競爭這種延遲或許可行，但若存在競爭者先佔的可能性，就會變得較難以延遲決策與行動。誠如休・寇尼所言，大賭注只開放給少數——那些事業模式能創造大量現金、且負債低的公司。就像前同事最近出版的合著中所言，大賭注可能是致勝策略。[7]

當我們能夠估計不確定性的參數時，數學可以幫助我們計算什麼是合理的賭注，估計各種選擇權的價值。我們可以透過實驗及採樣來估計條件機率，我們可以使用「聯合機率」（joint probability，譯註：二或多事件同時發生的機率）來估計決策涉及的複雜風險。這些全都需要機率思維（thinking probabilistically）——這是羅伯的一位教統計學同事使用的詞彙，她認為做決策時固有的偏誤導致不善於統計，需要系統及良好的數學修煉來改進這點，她稱人類為「非直覺的統計學家」。[8] 第 5 章已經詳細討論過，可以使用優良流程及團隊範式來反制這些偏誤。

涉及長時間及不確定性高的案例

現在已有一個框架可供評估不確定性程度，以及應付風險性情況的行動，下面提供個人、企業及社會案例，探討不確定性之下的策略。這些案例包括：

一、**在未來二、三十年的就業市場不確定性之下，如何選擇教育與職業。** 人類水準的機器智慧（human level machine intelligence）的自動化與進步將對就業市場帶來正面及負面影響，一些預測將被證明為正確，其他預測將被證明為錯得離譜。你現在該如何考量教育投資及職業決策，避免犯下付出高代價的錯誤，提高實現職業目標的可能性？年輕牛津研究人員團隊鼓勵我們處理這個問題。職業選擇涉及三級、甚至四級的不確定性。

二、**如何為長遠的未來事件做規畫：我的積蓄足夠支應餘生嗎？** 這是我們面臨的最高不確定性事件之一，這也是近年才出現的問題，因為在過去，人們 65 歲時退休平均壽命為 72 歲；現在很多人在 60 歲時就退休了，壽命超過 85 歲。處理這二級不確定性問題時，機率評估是主要工具。

三、**如何評估涉及成長選擇權的長期投資。** 基礎建設之類的長期投資需要特別注意不確定性及未來發展選擇權扮演的角色，我們以涉及三級不確定性的資源公司投資案為例，示範如何應用我們的工具。羅伯可以回顧他經歷的案例，看看它在二十多年的後續發展。

四、**如何用階梯策略（staircase strategy）方法來建立與發展新事業。** 在快速變化的環境下建立與發展新事業時，需要採行循序漸進的方法，一邊買資訊以降低不確定性，一邊建立新能力以降低風險。查爾斯和羅伯任職麥肯錫時與同事發展出這個方法[9]，它被證實對大型企業及新創公司都很實用。這涉及二級不

確定性。

五、如何在高度不確定性之下，建構複雜的策略組合。高度不確定
的情況往往需要選擇通往長期目標的多個路徑，以及隨著真實
世界演變在策略之間做出取捨。查爾斯在高登與貝蒂摩爾基金
會（Gordon & Betty Moore Foundation）管理大批補助金專案組
合時，使用這些方法，那些補助金專案涉及往往互相競爭的太
平洋鮭保育策略。此案例中的課題大多涉及三級與四級不確定
性。

下文逐一敘述這些案例。

案例 1：我該如何選擇職業？

伴隨自動化與人工智慧在職場上扮演的角色以不斷成長的速度擴
張，相較於 25 或 50 年前現在對勞動市場的預測具有許多不確定性。[10]
處於順風帶的，大多是 10 年前不存在的非例行性的認知型工作，你可
能已經在世界經濟論壇（World Economic Forum）的新工作清單上看到
了這種工作：行動應用程式開發者、社交媒體經理人、自駕車工程師、
雲端運算專家、大數據分析師、永續經理人、YouTube 內容創作者、無
人機操作員、千禧世代專家。再過 10 年這張清單又會再度改變。

所以年輕的你在選擇職業時，該如何應對這個持續變化的勞動市場
呢？首先我們建構一個描繪勞動市場面貌的邏輯樹，參見圖 8-3。它清

楚地顯示出，非例行性的認知型工作的就業比重增加，非例行性人力型工作的比重也增加，而例行性認知型工作和例行性人力型工作的比重則下滑。

用對能力水準、興趣、及風險容忍度等的了解來指引教育及職業選擇決策，線上平台 WorkMarket 的共同創辦人暨總裁傑夫‧瓦德（Jeff Wald）建議：「思考我對什麼有熱情？我具備這個領域工作需要的技能嗎？」[11]，為此，我們使用一張簡單的填寫表格（參見圖 8-4）。此表中的每一個橫向列代表一個可能任職的領域或產業；有四個垂直行：第一行是對這個領域的經濟預測，其餘三行分別是個人能力、興趣及風險承受能力的評估。可以使用經濟預測來填入及更新第一行。

針對每一個可能領域、學科或就業部門，填入對自己的能力、興趣及風險容忍度的自我評量，你可以選擇使用〔低、中、高〕的等級。圖 8-4 是某個研究團隊成員完成的表。

這項資訊如何幫助你決定？你可以先刪除能力低和興趣低的領域，從最有希望的領域著手——有最高度興趣與能力的領域，用這邏輯樹來指引下一步或行動。我們定義三種可能的策略或行動：

- **下大賭注**，步上一條有相當風險的路徑。
- **做出無悔行動**，取得一個能降低或避免風險的安全領域的基本水準教育或訓練。
- **對賭注避險**，投資時間與精力在二個或多個領域或職務的教育或訓練。

圖 8-3　目前勞動市場的資料

	技能	現有職務頭銜	△ 就業比重與變化	待遇
非例行性 認知型	解決問題 創意與設計 系統性思考 抽象思考 協作	管理階層 專業人員 研究人員	大， 成長中 **+9.2%**	高
人力型	規畫 照料 執行	服務 建築	中， 成長中 **+16.1%**	低 - 中
例行性 認知型	分析 知識應用	後勤行政 一些專業人員	中， 下滑中 **-11%**	低 - 中
人力型	可靠性 溝通 手藝	製造人員	中， 下滑中 **-11%**	低

職業群類型

資料來源：St. Louis Fed, Jobs Involving Routine Tasks Aren't Growing (2016); Jaimovich & Siu, The Trend Is the Cycle: Job Polarization + Jobless Recoveries.

圖 8-4　職業選擇

領域／技能區	對此領域的經濟預測	我的能力水準	我的興趣程度	我的風險承受能力
藝術／設計	中	高	高	低
商業／財務	中	低	低	低
保健／服務業	高	低	低	低
數學／科學	高	低	低	低
社會科學	低	高	中	低
人際關係	中	中	中	低
交易／技術	低	低	低	低

　　從這些策略，你可以看出大致區分為兩大路徑：一條是創業型，另一條是教育型。在高能力、高興趣、高風險及高經濟機會之下，創業之路可能在呼喚你。不過通常更可能的情形是，你的所有「高」評估項目並不在同一條線上，這種情況下你得做出無悔行動，取得基本水準的教育或是策略性地選擇跨領域為賭注避險，例如雙主修；或一邊工作一邊繼續接受教育。圖 8-5 展示這些策略選擇。

　　個人在選擇教育或職業過程中很容易地應用及迭代上述邏輯樹、表格以及圖 8-5 的系列行動樹，做出呼應熱情、技能水準及風險容忍度的決策。

案例 2：我的退休積蓄足夠支應餘生嗎？

在人生規畫的另一端我們也面臨不確定性。過去，退休積蓄通常只需支應 10 至 15 年；現在因為提早退休和壽命延長，退休所得往往必須支應 25 年至 35 年。許多退休者現在面臨疑問：「我的退休積蓄夠支應餘生嗎？」，答案取決於你目前在壽命跑道上的何處？你能產生的所得池以及你的風險偏好，參見圖 8-6。伴隨著壽命增長以及傳統積蓄的報酬率依舊不高，愈來愈多人有退休積蓄不足以支應餘生的風險。接近退休者的心裡有下列疑問：

- 我該為這不確定性做準備嗎？
- 有沒有現在可以採取的降低風險行動？
- 有沒有可以延遲至更後面才做出的決策？
- 我需要在理財規畫師或會計師之外，需求更多的諮詢嗎？

我們承認，這不是你想天天應付的問題，但有個方法可以簡單而且全面地處理它。這需要估計壽命跑道調整偏誤，檢視對投資策略的風險偏好。

首先用一個基本計算來解決此問題。為了評估你是否面臨風險，你可以計算退休積蓄及能支應多久（用退休後的目標年所得來衡量退休積蓄能撐多少年），與目前的年齡相比，你可以預期自己有多長的壽命。這計算相當簡單，就是把〔退休積蓄除以（你的退休後目標年所得減去支出）〕，再經過確定給付制退休金的調整就是你的退休跑道年數。[12]

圖 8-5 現在採取行動

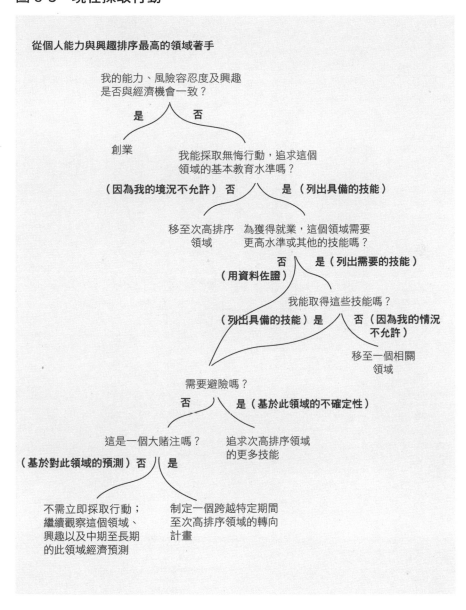

從個人能力與興趣排序最高的領域著手

我的能力、風險容忍度及興趣
是否與經濟機會一致?

是　　　**否**

創業

我能採取無悔行動,追求這個
領域的基本教育水準嗎?

(因為我的境況不允許) **否**　　　**是**(列出具備的技能)

移至次高排序　　為獲得就業,這個領域需要
領域　　　　　更高水準或其他的技能嗎?

否　　　**是**(列出需要的技能)
(用資料佐證)

我能取得這些技能嗎?

(列出具備的技能) **是**　　　**否**(因為我的情況
不允許)

移至一個相關
領域

需要避險嗎?

否　　　**是**(基於此領域的不確定性)

這是一個大賭注嗎?　　追求次高排序領域
的更多技能

(基於對此領域的預測) **否**　**是**

不需立即採取行動;　　制定一個跨越特定期間
繼續觀察這個領域、　至次高排序領域的轉向
興趣以及中期至長期　計畫
的此領域經濟預測

圖 8-6　我的退休積蓄足夠支應餘生嗎？

這個捷思法是了解目前狀況一個好的開始,但無法提供完整答案,為什麼?因為不是所有人都能達到平均預期壽命,而且個人的風險容忍度不同。此外,你的積蓄可被投資於各種報酬率不同的資產,這將造成或多或少的波動。因此需要捷思法之外的進一步分析來考量這些因素。

繪出你的壽命跑道

接著更仔細地探討你的壽命跑道。若你現在是 35 歲的健康狀態,預

期壽命是 80 歲；但若你能活到 60 歲，平均預期壽命將提高至 82.8 歲。[13]

活到 60 歲時，將有 50% 的可能性：

- 男性壽命將超過 85 歲；
- 女性壽命將超過 88 歲；
- 男女夫婦中至少一人壽命超過 91 歲。[14]

財務規畫通常是針對夫婦兩人而做，因此喪偶者的壽命是一個重要考量因素，這是聯合機率計算很重要的一個例子，你可以在網路上找到這個聯合壽命表。在此案例中活到 60 歲時，夫婦當中有一人壽命超過 90 歲的可能性為 50%，這等於在 60 歲時必須規畫的未來壽命跑道為 30 年，差不多和始於 22 歲、終於 60 歲的工作生涯期間一樣長了！諷刺的是，人們往往低估預期壽命達 4 歲。[15] 若你有 90 幾歲的祖父母，你的預期壽命將更長。若你有健康的生活型態，你的預期壽命也會更長。若你生活在環境品質高的城鎮，罹患呼吸道、心血管及其他疾病的風險將降低。若你的壽命跑道上有這些正面因素必須預備活得更久。

考慮風險容忍度

退休帳戶的投資報酬率波動造成所得不確定，每個人在如何處理不確定性上有不同的風險容忍度。若你相信你將長壽，而且對於積蓄用罄的風險容忍度低，那麼你可以考慮購買涵蓋終身的年金，並且預算做出調整平衡收支。購買年金是典型用保單來應付不確定性，用涵蓋終身的年金來獲得安心，但年金的投資報酬較低，因此你是捨棄較高報酬換取

確定性。另一方面若你預期將會長壽，而且對風險的容忍度較高，你應該考慮持有成長型投資資產組合而非平衡型基金（balanced fund）。

決定採取什麼行動

圖 8-7 的決策樹展示了可以採取的行動。

這裡有一個必須解釋的驚人結論，這跟壽命及複利有關。我們認識的理財師大多向快退休的客戶推薦提供安全性、抵抗股市波動以提供穩定收入的平衡型基金，通常是針對投資期間為 10 至 20 年的投資人。但是，若在 60 歲時投資期間為 25 年、甚至 35 年呢？圖 8-8 展示為何投資的存續及複利報酬的力量非常重要。

成長型基金的 25 年期間報酬率比平衡型基金高 34%，若投資期間為 35 年，成長型基金的報酬率比平衡型基金高 51%。不過投資在成長型基金，退休後的年所得變動可能較大，必須對此有一些容忍度。這是思考退休積蓄的一種不同方式，這種思考方式可能令人覺得反直覺。此外，走這條解決問題途徑可以讓 60 歲的退休者在環境發生變化時（例如退休後的較早階段需要用錢時）轉換基金。另一方面，80 幾歲時壽命跑道縮短不太可能從平衡型基金轉換。

在此得出一個不會從許多財務規畫師聽到的結論：若你預期本身或配偶會長壽，那麼剛退休時，建議你考慮投資於成長型基金。當加入風險容忍度考量時，就出現除了購買年金做為避險以外的其他策略。壽命跑道及複利成長的捷思法對一個實際的問題得出豐富的解方組合。除了上述資產配置，許多人也必須提高他們的儲蓄率，以避免退休積蓄不足

圖 8-7　現在決定採取什麼行動

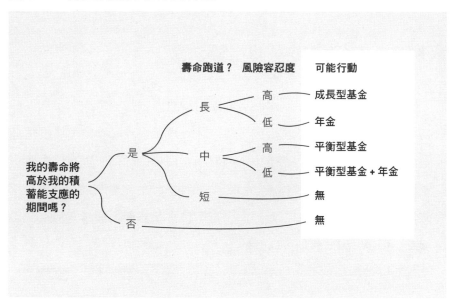

圖 8-8　60 歲時的 10 萬美元投資

預期壽命	85 歲	95 歲
平衡型基金（40% 股票，60% 債券） 加權平均報酬率 7.73%	$64 萬美元	$135 萬美元
成長型基金（60% 股票，40% 債券） 加權平均報酬率 9.0%	$86 萬美元	$204 萬美元

資料來源：Thomas Kenny, thebalance.com, June 23, 2017, for long-term returns (1928-2013) on stocks of 11.5% p.a. and T bonds 5.21% p.a.

以支應餘生。

案例 3：如何做出長期投資決策

　　橋樑、礦場、道路、基礎設施之類的投資有很長的壽命，解決問題之初，必須考量未來營運環境的不確定性。這類投資必須處理各種可能的結果，通常需要彈性地考量未來開發案選擇權的價值，現在的決策可能會增進抑或阻礙這些選擇權（這是另一種類型的條件機率）。我們用一個實例來示範如何處理這類問題，這個例子是澳洲的礦業巨人必和必拓集團（BHP）如何處理一樁礦藏開採的長期投資案。

　　資源公司總是尋求發現或買下成本曲線低（在第 3 章的「減輕氣候變遷成本曲線」這一節介紹的工具）、優質、有長壽命的礦藏，但說起來容易實際上做時有相當難度。必和必拓這樣的低成本供應商期望不論景氣好壞時期都能賣出產出，他們通常必須為價格顯著下滑預做準備，過去一個世紀，他們都是這麼兢兢業業地經營。羅伯領導一支團隊，為必和必拓收購礦藏案提供顧問服務，這座礦藏成本低品質高，有超過 50 年的壽命。我們的解決問題方法在處理長時間範圍及伴隨的不確定性有兩個特色，其一是定義有關礦藏價值的影響因素具不確定性，例如價格與量；其二是使用情境來模擬各種可能性。

包含未來開發案選擇權的價值評估

　　團隊為必和必拓建立典型的估價樹，估計來自這家礦場的淨現金

流，再用資本成本把它們折現。[16] 你會發現，這個估價樹與前面章節的 Truckgear 及好新閣案例的投資報酬樹類似。這裡使用的數學簡單明瞭，你可以在線上 Excel 及其他軟體工具中找到淨現值試算表。資本成本的評估計算根據此專案涉及的風險、必和必拓募集資本的成本以及有關於礦藏耗竭的終值。

羅伯團隊在此估價樹多了一枝樹枝，稱之為「開發案選擇權的價值」（參見圖 8-9），增加這枝樹枝是因為把這問題分解成兩部分——「現有資產」以及「未來成長或開發案選擇權」。在此例中，未來開發案選擇權之所以如此重要，是因為可以用相當低的價格行使這些選擇權，把它們轉化成錢。為什麼這麼說呢？因為開採這座礦場而建設的鐵路及港口等基礎設施，未來可供其他附近礦藏地使用。每當評估不確定性之下的長壽資產價值時，應該考慮現在採取的行動是否可能使未來的專案變得更容易或更困難，有時候這部分的價值比當前決策與行動的價值要來得更高。

在此案例估計淨現值時必須處理四大不確定：全球的礦砂價格、澳幣對美元的匯率、礦石產量、未來開發案選擇權的價值。比起其他因素，礦石產量的變異性範圍遠遠較小，因此在分析中獲得的關注較少。廣泛的可能未來結果使此案例的不確定性被評為三級。

重大不確定性的情境

在大宗物資預測及資源投資案中使用情境分析／模擬已有悠久歷史，早在羅伯主持的顧問計畫之前就已存在。現在使用大規模電腦運算

圖 8-9　必和必拓礦場案價值評估

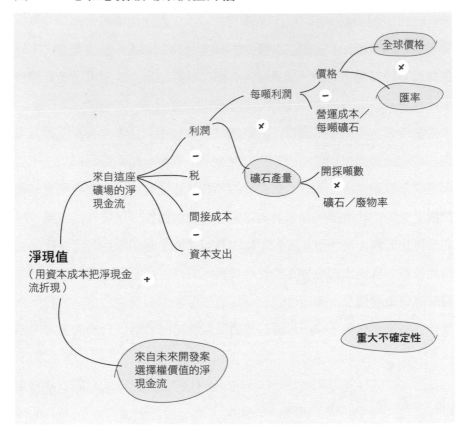

之下，更容易做大型的蒙地卡羅模擬，也可以使用布萊克-舒爾斯模型（Black-Scholes Model）及其他估價方法更準確地評估選擇權的價值。

我們使用的方法更簡單。我們面臨此礦藏資產競標的時間壓力，我們有信心可以在不使用大規模模擬之下，處理此案涉及的不確定性。我們展望 10 年後的全球礦石市場供需均衡，得出各種價格預測，這些是

根據目前成本、預期成本、發掘的礦藏數量以及降低成本的機會所得出的未來產業成本曲線樣貌預測來評估。我們把大宗物資 10 年期貨的需求估計架到成本曲線上，以產生一個可能的訂價區間。我們也考慮極端情況，例如在 95% 的信心區間下，低於均值兩個標準差和高於均值兩個標準差的價格水準。[17] 我們也使用廣泛的各種匯率假說，因為不可能對 10 年後做出財務避險。把這些匯集起來就能建立一個價格、量、及匯率假說的淨現值計算矩陣，參見圖 8-10。

把分析結果展示於報償表上，可以讓我們與客戶討論對假說有何感想，尤其是對推測的最可能範圍有何看法。更重要的是，圖表上展示了最糟情況的可能性考量──礦石價格持續下滑，且實質匯率強勁升值（譯註：澳幣升值對澳洲出口商不利），這種組合被認為非常不可能發生，但並非完全不可能。這不幸的情境是另一種聯合機率的例子──亦即同時發生價格下滑和匯率強勁升值到極不利這兩個事件的概率，若每個事件的結論為 10%，兩事件同時發生的聯合機率只有 1%。同理適用於我們稱之為「發財」的情境，這情境是礦石價格高於均值兩個標準差，且匯率非常具有競爭力。

你可能會問，這礦藏有 50 多年的壽命為何只看 10 年後呢？我們覺得，在不確定性和現金有限的環境下，這是一種保守的評價方法。我們納入一個終值估計，其估計方法是用較高的資本成本（20%），把 10 年後的現金流量折現，這折現率高於頭 10 年使用的折現率（10%）。最終，我們有信心地建議必和必拓集團買下這座礦藏，因為這資產的初始淨現值高於所有可能情境下的購買價格。

圖 8-10　必和必拓的礦場──評價情境

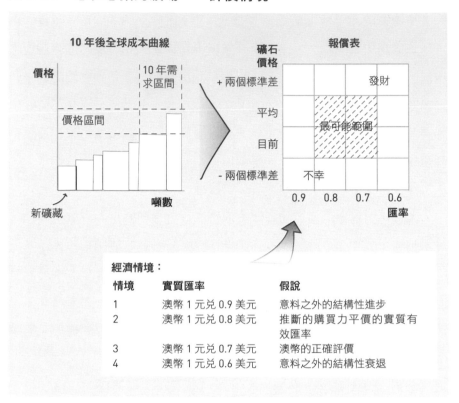

前文已經大篇幅地討論過解決問題時可能發生的偏誤，收購公司或大型資產之類的大型投資案也可能出現偏誤的情形，尤其是確認偏誤，大家對競標感到興趣想在競標中勝出，就很容易發生確認偏誤。在這個案例中，我們除了使用情境分析、良好的問題架構及敏感度分析，我們的客戶（必和必拓集團）真誠地尋求中立、不帶感情的外部觀點，提供給董事會做決策時的參考，因此，我們的團隊有一個成員扮演唱反調地

提出分歧觀點的角色。我們藉此來反制確認偏誤，處理最糟情境，類似第 4 章的做法。

企業常用「回顧」這工具來評量資本投資流程是否堅固，我們的團隊也在 20 年後使用公開資料，對這個提案做了一次非正式的回顧，結論是，羅伯當年的顧問團隊很保守。當年，我們未預期到 20 年後的中國資源榮景，這資源榮景顯著改變了大宗物資的價與量，使得這椿礦藏收購案附帶的未來開發案選擇權的價值暴增，因此，實際結果接近發財情境。

在這個案例中，未來開發案選擇權的價值是改善不確定性風險的重要方式。在必和必拓的這椿收購礦藏投資案中，我們當時估計未來開發案選擇權的價值佔收購案總淨現值的 22%，這是一個重要成分，但我們的回顧顯示這項估計太保守了（參見圖 8-11）。我們的事後估計是，那些基礎建設創造的價值比當年收購的礦藏資產價值還高出數十億美元。

案例 4：用階梯策略來建立與發展新事業

發展公司策略的方法很多，視產業情況及公司特性而定。麥克・波特（Michael Porter）的 5 力分析（5-Forces Analysis）圖或麥肯錫結構 - 行為 - 績效 - 模型（Structure-Conduct Performance Model）檢視產業動態以評估進入產業的策略 [18]；貝瑞・內爾巴夫（Barry Nalebuff）和艾維納許・迪希特（Avinash Dixit）則是聚焦於繪出競爭賽局的演變 [19]，如同在第 6 章敘述的 CSIRO 例子。這一節介紹的框架是「成長階梯」

圖 8-11　未來開發案選擇權

港口

鐵路

將興建的工業專用鐵路支線

既有礦場

尚未開發的礦藏

（growth staircases，有些文獻稱之為 horizons）——研判什麼階梯能讓公司在不確定環境下進軍新事業領域，這側重的是學習、買選擇權，建立能力。

「階梯」這個框架源起於查爾斯、羅伯及麥肯錫同事試圖了解與處理能源公司客戶的新事業成長抱負[20]，我們研究了一些公司如何以 10 年

時間建立有價值的新事業案例，整理出它們採取什麼行動進入市場，在不熟悉的領域招募人才以及購併行動等等，就像樓梯階梯。我們分析它們以什麼順序採行哪些步驟（階梯），以建立能力，增添資產，降低不確定性。我們視覺化呈現的階梯方法涉及：

- 從規畫的結果回推地思考需要什麼能力、資產及事業學習，才能成功地達到這結果。
- 根據不確定性等級，採取循序漸進的策略行動，隨著不確定性降低而擴大投入。
- 把汲取知識和建立能力架構成有時程的階梯步驟。

我們最喜歡的階梯策略例子之一是：嬌生公司以 10 年時間建立起全球性隱形眼鏡事業，該公司以一系列行動達成，起初是小步伐後來是更大、更廣的行動。圖 8-12 展示了階梯策略以及相關的能力平台。

事後來看這種階梯是一回事，從無到有地建造一個階梯又是另一回事，該如何做呢？如何應付階梯策略與競爭者行動帶來的不確定性呢？下文概述階梯建築以及一個建構階梯的例子。

圖 8-12 嬌生公司的隱形眼鏡事業

1981 1982 1983	1984-88	1988-92	1993-95

收購隱形眼鏡市占率 5% 的 Frontier Contact Lenses（改名為 Vistakon）

買下新的造模流程技術；使用紫外光固化聚合物，把兩步驟流程縮減為一步驟

外包給精密射出成形領域翹楚耐普羅（Nypro），改善成本與技術 10 倍

在來自管理高層的支持下，於 5 年期間投資 2.5 億美元於研發；推出嬌生拋棄式隱形眼鏡

在 45 個國家推出拋棄式隱形眼鏡；1991 年推出兩週更換型舒眸（Surevue）隱形眼鏡

再投資 2 億美元後，於 1994 年推出安視優（Acuvue）日拋隱形眼鏡；1995 年在全球締造 6 億美元營收

能力與資產平台

隱形眼鏡製造	新的隱形眼鏡技術權	與領先的射出成形製造商建立關係	先進製造流程	全球行銷與路網絡	軟式模造流程

資料來源：Mehrdad Baghai, Stephen Coley, and David White, The Alchemy of Growth (Perseus, 1999).

階梯價值

階梯建築有三個考量：

一、**級深／踏階深度（stretch）**：從現在站立的這個平台更上一階的距離。建立新能力才能更上一階時，涉及的複雜性包含需要的事業整合程度。級深是否太大，必須看「組織吸收新技能的

能力」和「競爭局勢下建立市場地位的速度需求」這兩者之間的平衡。

二、**動能（momentum）**：早期成功的正面影響。早期的成功通常靠的是小行動、學習以及組織的信心。在規模報酬遞增（這通常涉及建立業界標準或是市場存在贏家通吃的特性）的市場上，動能變得很重要。

三、**彈性（flexibility）**：面臨不確定性時保持靈活有幾個特徵，包括挑選能產生最大後續行動選擇權價值的更上一階；預備在競賽中推出多匹賽馬（如同前文提到的太平洋鮭保育策略）。為了保持彈性，應該避免創造日後可能變成束縛的沉沒資產（sunk assets）。

　　階梯建築結合這三個考量，思考有關於梯階的選擇以及梯階的順序，參見圖 8-13。團隊必須辯論以下抉擇：較小步伐 vs. 較大步伐；充滿選擇權的行動 vs. 專注的行動（或許更能阻撓競爭者）；能夠創造動能的行動速度，但追求速度可能會在新事業與既有事業的整合上陷入困難。角色扮演指派團隊成員扮演競爭者，這些方法能夠充實與增加團隊對於階梯踏階規畫的討論。谷歌投資數百個新事業，他們對有趣的領域下了許多小型與中型賭注，也常在同一個競賽中推出多匹賽馬。反觀一個新創公司可能有一條進入市場的途徑，頂多只有幾個選擇權，有限的創業資金迫使它必須採行專注的行動。

圖 8-13　階梯建築──三個考量

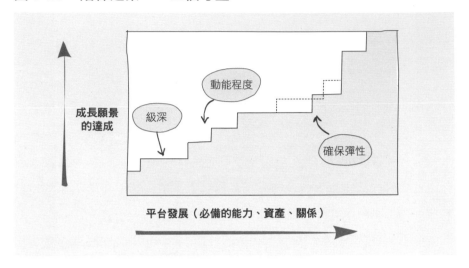

建構階梯：麗珀公司的例子

　　新創公司可以使用階梯方法來規畫事業目標，透過學習與建立能力來達到目標的策略途徑。從目標／結果回推，然後再往前推，益處是可以讓團隊對於「事業需要以何種順序建立什麼能力」達成一致意見。相同於 7 步驟流程的「一日解答」與進行迭代，使用這階梯方法時，團隊針對接下來 12 至 18 個月的梯階細節達成一致意見，做評估時，在有關於市場及能力軌跡的新資訊進來後，再規畫接下來 12 至 18 個月修改最終目標或時程，以反映市場與競爭局勢的現實。敏捷發展、快速失敗及衝刺是這個策略性解決問題法的特徵。

　　第 6 章討論過麗珀公司的辨識鯊魚演算法，麗珀是國際救生聯盟第一任會長凱文・韋爾登和澳洲第一位太空人保羅・史庫利・鮑爾（Paul

Scully-Power）共同創辦的一家澳洲公司，該公司的目標是成為使用無人航空載具或無人機的救援服務全球翹楚，以該公司現有的能力——拯救海灘生命為基礎，向水災救援與損失評估以及森林火災偵測與反應。國安事件及其他的自然災害也屬於他們追求的業務範圍。

麗珀的初始梯階與多數新創事業面臨的初始梯階——從一個付費顧客起步，獨力地建立營運能力（參見圖 8-14）。你必須對所處的生態系以及打算如何競爭，做出一些早期的判斷，在此案例中，他們選擇在救援服務業聚焦於顧客，以具有獨特的營運能力為基礎，聚焦於軟體而非硬體之上。

麗珀公司認為自己身處一個由早期階段顧客、監管當局、硬體供應商、軟體與資料分析構成的生態系，引領他們走上與監管當局合作對付安全與性能之路，例如視距外（beyond visual line of sight，簡稱 BVLOS）飛行操作及夜間飛行。為了完成在海灘上拯救生命的任務，他們和機器學習科學家通力合作，開發出世上第一套辨識鯊魚的演算法，這軟體在無人機傳回的資料中區別人、海豚、鯊魚，我們在第 6 章敘述過這種解決問題的方法。

圖 8-14 展示麗珀公司在幾年間建立的基礎與能力以及計畫採取哪些大行動，以便在 2020 年達到訂定的目標。在這個目前有著低進入障礙的領域，他們聚焦建立「值得信賴、能夠接下最困難任務的業者」的聲譽，這需要他們繼續建立與發展發行作業、酬載及資料分析等能力。他們也對相關的垂直市場商機做出反應，例如礦場面臨的尾礦壩（tailings dams）風險、為發生水災或火災的公用事業設施檢查資產、用無人機執

圖 8-14　麗珀公司的階梯式成長策略

階梯

2016
* 取得經營執照
* 布署世上第一個救生艙
* 初步測試 BVLOS
* 第一個顧客

2017
* 成功測試 BVLOS
* 推出世上第一個人工智慧／機器學習鯊魚辨識演算法
* 推出滅火球
* 建立垂直夥伴關係

2018
* 推出國家緊急事件因應服務
* 取得 BVLOS 執照
* 更多的人工智慧與機器學習應用
* 拓展垂直夥伴關係

2019
* 在全球銷售「盒裝無人機」
* 可擴充的雲端型 3D 及分析
* 無 GPS 全夜飛行

2020
* 最佳水準的作業與酬載技術
* 拓展全球銷售
* 大量的產業應用
* 整合式機隊管理

能力與資產平台

* 監管當局批准
* 測試與發展

* 世界級作業與訓練

* 多垂直夥伴關係

* 高科技服務
* 全球銷售

* 全球最佳水準的無人機服務

行雜草防治等等。麗珀公司的業務涉及二或三級不確定性,因為對無人機的監管可能促進、也可能削減了潛力市場。

　　麗珀公司的更上一階行動包括審慎地建立全球銷售與通路(目前尚未完成);加強雲端與分析技巧以具備獨特的技術能力。麗珀常受邀至其他國家複製他們在澳洲所做的事,目前若無當地夥伴,該公司既沒有資源、也沒有時間做這件事,他們的構想之一是仿效其他的軟體供應

商，供應稱之為「盒裝無人機」（drone in a box）的救援服務套裝軟體及作業能力。國際顧客可以造訪麗珀的訓練所，試驗不同應用的酬載接受各種創新訓練，例如 BVLOS、光學雷達（LIDAR）、無 GPS 飛行、在救援服務中使用機器學習演算法。

階梯方法讓團隊把成長途徑視覺化，熱烈辯論各個梯階的大小與範疇。階梯策略的規畫原則之一是隨著市場演變及監管環境，降低不確定性避免企業操之過急。階梯策略中內建了彈性：取得新資訊時──例如有關於 BVLOS 或夜間飛行的管制──團隊便可以修改梯階；同理國際銷售的初期成功促使企業加快在全球推出產品，例如第 6 章介紹的未來海灘使用的技術。

案例 5：管理長期策略組合，太平洋鮭保育的例子

期間最長、不確定性最大的問題是社會與環境領域的問題，查爾斯處理了十多年的太平洋鮭保育問題就是一個好例子，這個問題如海洋般廣闊（涵蓋四個國家和整個北太平洋），涉及至少數十年，影響整個生態系（在此生態系中，太平洋鮭是頂端或基礎性質的物種）以及無數人的生計與文化。這是一個大問題！

前面介紹的工具在此例完全可以應用，我們的團隊在 15 年計畫中經常迭代的使用。但是在應付這種規模的問題時，一些其他的工具，尤其是與策略組合管理相關的工具也很重要，來看看這些工具：

改變理論圖

對於大規模、涉及多年的問題，應該有一個總的改變理論（theory of change）——把這種規模的社會或環境改變成視覺化策略圖。在太平洋鮭保育案例中，改變理論圖是第 3 章介紹的邏輯樹演變版。

如圖 8-15 所示，這張改變理論圖總結此團隊的鮭魚保育及維護北太平洋鮭魚生態系良好運作的總策略，包括下列項目的策略：（1）保護棲息地健全性；（2）消滅箱網水產養殖（open-net pen，開放式圍網養殖）帶來的威脅；（3）減少孵化場繁殖；（4）確保永續漁業管理。在這些高層級的策略下，高登與貝蒂摩爾基金會在 15 年期間對近百個組織提供了超過 3 百項補助金，要管理的細節很多。

策略組合圖

基金會團隊管理及溝通這龐大的策略與投資組合的方法之一，用一個矩陣將它們視覺化，這個矩陣用投資階段與雄心程度來區別各個策略是「漸進改善型策略」或是「轉型變革型策略」，參見圖表 8-16。

基金會團隊想要橫跨各個改變階段，均衡的投資在太平洋鮭生態系：

一、**種子**：為了改變創造早期條件的策略，包括為建立政府管理機構對主題的了解而投資基礎科學、根據土地規畫與加拿大第一民族所有權而投資早期階段鮭魚棲息地保護、為動員各方支持其他長期變革行動而投資。

二、**培育**：那些有利益團體參與協商、並願意共同研議針對生態系

圖 8-15　改變理論例子——太平洋鮭保育案例

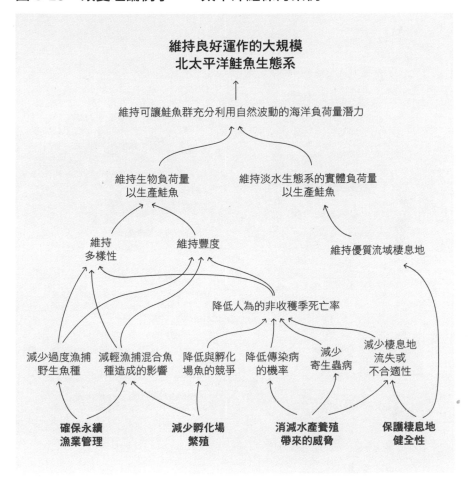

和經濟性使用者的解決方案策略。這些大多是對多方利害關係人集會協商，改變以往的資源收割方式的投資。

三、**收穫**：那些為了鞏固保育成果以及支持資源管理流程的新保育

圖 8-16 太平洋鮭保育的策略組合

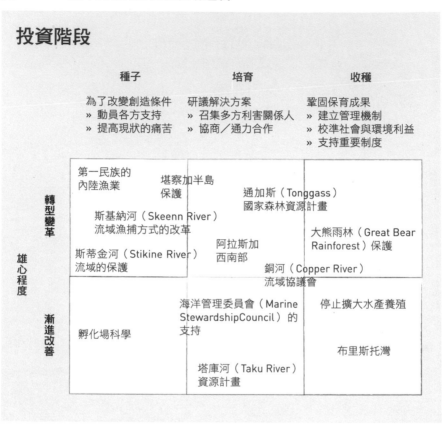

投資階段

	種子	培育	收種
	為了改變創造條件 » 動員各方支持 » 提高現狀的痛苦	研議解決方案 » 召集多方利害關係人 » 協商／通力合作	鞏固保育成果 » 建立管理機制 » 校準社會與環境利益 » 支持重要制度

（圖表內容）

轉型變革
- 第一民族的內陸漁業
- 堪察加半島保護
- 斯基納河（Skeenn River）流域漁捕方式的改革
- 斯蒂金河（Stikine River）流域的保護
- 通加斯（Tonggass）國家森林資源計畫
- 阿拉斯加西南部
- 大熊雨林（Great Bear Rainforest）保護
- 銅河（Copper River）流域協議會

雄心程度

漸進改善
- 孵化場科學
- 海洋管理委員會（Marine StewardshipCouncil）的支持
- 塔庫河（Taku River）資源計畫
- 停止擴大水產養殖
- 布里斯托灣

行動的投資。

另一方面，基金會團隊也想在懷抱轉型變革雄心的策略（昂貴且風險較高）和尋求漸進、但重要改變的策略兩者之間求取均衡。

複雜策略組合視覺化易於看出平衡情形是否偏離基金會的價值觀，

若只有一群高投資、高風險策略，或是只有一群普通的、只會產生漸進改變的策略，都不符基金會的價值觀。這張矩陣圖顯示個別策略的風險比較，可向基金會董事及高階決策者溝通所有策略的總風險與報酬。

管理區域策略與主題策略

在問題規模如此大之下，每一個區域策略或主題策略都需要自己的邏輯解析、排序及策略圖。這裡提供一個具體例子，在太平洋鮭魚保育計畫中，查爾斯負責的區域策略之一是卑詩省北部地區，這裡是龐大的斯基納河（Skeena River）流域中央地帶。

在歐洲漁民出現之前，斯基納河流域有歷史悠久的原住民漁業，自歐洲漁民出現後，這裡的漁業競爭變得很激烈，各種風格類型的漁民相爭之外，聯邦和省級漁業管理機構之間也存在著矛盾。近幾十年來鮭魚洄游減少，資源使用者陷入困難的經濟境況，這背景導致矛盾衝突，聯邦政府制定了科學根據的鮭魚漁業管理政策但未實行。伴隨著漁民的鮭魚漁捕管道和鮭魚經濟受限以及環保團體對經理人的施壓升高，矛盾衝突加劇，沒人喜歡現狀但難以尋找做出改變的漸進途徑。

問題與困難很多，但各方利害關係人無法達成一致同意的解方，在這種複雜境況下，一個有幫助的做法是先勾勒一個近乎人人都贊同的改變願景。這麼做可幫助敵對的每一方看出在這個願景中的共通部分，可能引領他們通力合作解決問題。圖 8-17 展示了一群團體共同研擬出來的斯基納河流域的改變願景。

雖然這個願景並未立即緩和矛盾衝突，促使各方同意對斯基納河流

域境況進行一次獨立的科學小組審查（ISRP）。得出的發現幫助產生更堅實、有科學根據的管理計畫以及多方利害關係人治理匯談，進而獲致持續的改善。

為了使查爾斯共事的基金會團隊及斯基納河流域盟友更易於了解，我們把策略予以視覺化如圖 8-18 所示，其中一些策略互競（互競的兩個策略中的一個可能成功，但不會兩者皆成功）一些策略則是相輔相成。

你可以看出，這張策略圖是以邏輯樹分解在斯基納河流域推動改變的大槓桿，但它展示了不同的支持行動與政策以及驅動改變的重要機構。對於複雜的社會問題，繪出詳細的策略圖能在多個層級應付問題。此外，賽局理論邏輯樹也可能有所幫助。

不確定性仍是解決問題時的最大挑戰之一，但有工具箱供你處理涉及長時期且複雜的問題：框架的不確定性，透過分析來迭代決定採取什麼行動來應付不確定性。不確定性涉及主觀與客觀的機率，左右著該如何訴諸選擇權、下合理的賭注、買保險、採取避險措施及採取無悔的行動。

本章重點 ————

- 不確定性是絕大多數困難問題的特徵。
- 在不確定性之下解決問題的第一步是了解不確定性的類型與程度（等級），以及風險容忍度。
- 策略研擬可以訴諸種種行動來應付不確定性與風險：買資訊、取得低成本選擇權、買保險、為了建立能力及取得知識而採取無悔

圖 8-17　改變願景──斯基納河流域的例子

<table>
<tr><td></td><td colspan="2" style="text-align:center">從　──────────▶　到</td></tr>
<tr><td></td><td>傳統競爭激烈的
漁捕混合魚種</td><td>野生鮭魚政策下的本生
態系管理原則</td></tr>
<tr><td>外部觀點</td><td>在與其他利益及生態系的衝突最小化之下，使商業魚獲量最大化</td><td>建立魚與生態系的長期韌性，以及在適度魚獲量之下的永續性</td></tr>
<tr><td>決策</td><td>由上而下控管，官方影響少，非正制式的影響多</td><td>多方利害關係人共識＋對長期永續有益的科學</td></tr>
<tr><td>使用科學</td><td>不多：無同儕審閱的豐度模型，以及一些監督點；與野生鮭魚政策不一致</td><td>完整的保育單元（conservation units）圖／子魚種，目的地，及時間，包括在許多點的即時監測及基因資料</td></tr>
<tr><td>分配</td><td>無法預測、有潛在危險性的商業競爭；某種族及其他人覺得他們位居次等；一些嗜好漁捕活動不受控地擴大</td><td>某種形式的分享制，原住民優先；公平合理地對待嗜好漁捕活動及商業漁捕這兩個區隔</td></tr>
<tr><td>經濟收益</td><td>商業漁業經濟收益非常差，勉強夠付變動成本；食品漁業不足以滿足需求</td><td>對商業漁業、原住民漁業及嗜好魚捕活動營運者都提供堅固的經濟收益</td></tr>
<tr><td>產品</td><td>低價值的大宗物資產品</td><td>高價值、當地加工、有品牌的商品</td></tr>
<tr><td>漁具＆漁捕點</td><td>大多是勉強選擇的地點、時機及漁具；大多在海上或河流入海口漁捕</td><td>優化選址，選擇性與低成本優化</td></tr>
<tr><td>執法</td><td>不多</td><td>更全面，例如底棲魚漁場</td></tr>
<tr><td>感覺</td><td>「正奮力爭取我的那一份」</td><td>通力合作確保資源的長期永續性，以及公平的收穫分配</td></tr>
</table>

圖 8-18　在區域層級規畫策略──斯基納河流域

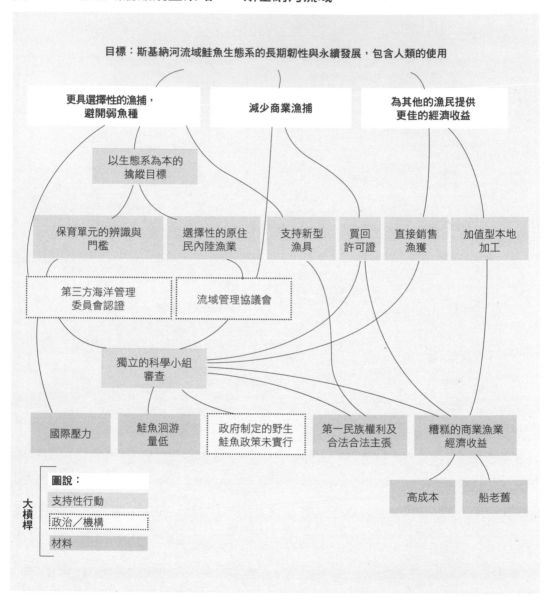

目標：斯基納河流域鮭魚生態系的長期韌性與永續發展，包含人類的使用

更具選擇性的漁捕，
避開弱魚種

減少商業漁捕

為其他的漁民提供
更佳的經濟收益

以生態系為本的
擒縱目標

保育單元的辨識與
門檻

選擇性的原住
民內陸漁業

支持新型
漁具

買回
許可證

直接銷售
漁獲

加值型本地
加工

第三方海洋管理
委員會認證

流域管理協議會

獨立的科學小組
審查

國際壓力

鮭魚迴游
量低

政府制定的野生
鮭魚政策未實行

第一民族權利及
合法合法主張

糟糕的商業漁業
經濟收益

高成本

船老舊

圖說：

支持性行動

政治／機構

材料

大槓桿

行動。

- 在不確定性環境中的策略行動所取得或封阻的長期選擇權的價值，可能是你的投資案淨現值計算的一個重要成分。
- 階梯方法能幫助公司更上一層樓，步入新的和不確定的市場，應付踏階深度，保持彈性驅動動能，建立新能力與資產。
- 非常長期且涉及不確定性的策略，需要一幅總改變理論圖和一個策略組合矩陣來視覺化及管理所有策略。

換你試試看 ————

一、用五等級不確定性，評估事業或非營利組織面臨的長期問題涉及什麼等級的不確定性。

二、對每個等級的不確定性採取哪種降低不確定的機制？

三、針對一項個人的長期問題研擬可能解決的方法。

四、針對正在研擬的成長計畫規畫接下來 5 年的階梯。

五、針對感興趣的長期社會問題，嘗試研擬一個改變理論和策略的的組合。

第 9 章

棘手問題

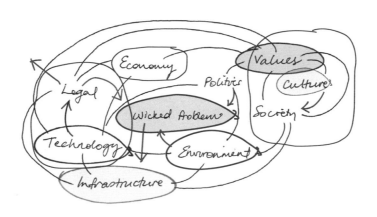

「棘手問題」（wicked problem）一詞被用以描繪似乎無法定義與解決的問題，因為它們與複雜系統極度相關。[1]這類問題通常涉及多導因、利害關係人之間的價值觀嚴重分歧、非意圖的後果、或是為了解決問題需要做出顯著的行為改變。恐怖行動、環境惡化、貧窮，這些常被拿來做為棘手問題的例子。棘手問題不同，我們不會妄稱容易解決，但我們

相信，哪怕是最困難的問題，7步驟方法也能指點迷津。身為公民，必須有工具幫助了解與評估政治人物與政策制定者提議的解方。

本章探討被形容為「棘手」的問題，這類問題通常是社會、甚至全球規模的問題。本書接受兩個案例的「棘手」挑戰：「肥胖」問題以及「公地上的過度漁捕」問題。

肥胖這個棘手問題

肥胖是一種全球現象，造成巨大的經濟、社會及個人成本，麥肯錫全球研究院估計，肥胖造成的社會負擔（2兆美元）與吸菸、武裝暴力及恐怖行動相近，誠如這項研究報告的作者所言：「肥胖是一種複雜的系統性問題，沒有單一或簡單的解方，圍繞著如何解決這個日益嚴重的問題所帶來的全球焦慮不安，需要對可能的解方整合評估。」[2] 肥胖的導因有數十個，且複雜性及互依性具有棘手問題的所有元素[3]，涉及基因、環境、行為、文化、社會、所得與教育等等層面。面對這樣的問題，你該如何著手呢？

麥肯錫全球研究院的研究報告讓我們看到麥肯錫團隊如何以本書方法處理肥胖問題：定義問題的範疇與解方的限制條件；沿著熟悉的供需面來分解問題；使用一個眾所周知的公共衛生框架，對干預措施選項進行全面分析，綜合及行動呼籲的結論。下面將更詳細地探討，用例子示範如何使用7步驟來推進棘手問題。

定義問題

麥肯錫全球研究院的研究報告闡述肥胖問題層面如下：

- 據估計，英國總人口中有 30% 過重與肥胖者，而且這個比例持續
上升中。

- 2012 年的估計顯示，肥胖在英國造成的每年經濟負擔為 730 億美
元，而吸菸問題造成的經濟負擔為 900 億美元。

- 每年過重或肥胖的直接醫療成本使英國政府付出 60 億美元。

- 保健成本隨著身體質量指數（BMI）上升：肥胖者的醫療成本比
正常體重水準者高出 58%-86%。

　　麥肯錫全球研究院的問題定義把英國政府定位為決策者，並在研究
過程中諮詢政府機構、臨床醫生及研究人員。這個研究團隊對肥胖問題
的解方列出了一些限制條件，考量管制干預，例如對高糖飲料課稅以及
公共衛生方案。他們對於解決方案的主要要求條件有合理的成本效益、
有成效、有證據佐證干預措施的效果。這份研究報告排除了保健費用支
付人，因為英國實行全民健保制，由國民保健署（NHS）支應醫療費。
麥肯錫全球研究院於 2014 年發表的研究報告提議，在 5 年內使 20% 過
重及肥胖者回到正常體重者之列，這是一個相當吃力的目標。

分解問題

　　第 3 章提供了一些分解問題的方法例子，可以從發生率與嚴重程
度、行為與臨床觀點、甚至是財務與非財務考量等面向來分解問題，麥

肯錫全球研究院選擇從供需面來分解問題，使用一條成本曲線，相似於先前氣候變遷案例為減少二氧化碳排放量而使用的方法。這種分解問題透視法的好處是，以成本及影響性大小遞減排序，提供機會清單。

分析

麥肯錫研究院團隊把干預措施區分為 18 類，例如高卡路里食品及飲料可得性、體重管理方案、飲食份量控制、公共衛生教育等等，他們總計檢視了 74 種干預措施。針對每種干預措施，他們使用世界衛生組織用以衡量疾病影響性的指標「失能調整後壽年」（disability-adjusted life years，簡稱 DALY），估計平均每拯救一年的 DALY 的成本與成效（單位美元）。他們選出 44 種具有高成本效益、能達成在 5 年內使過重與肥胖人口減少 20% 的干預措施，並加上它們的證據強度。他們估算成本為 400 億美元，圖 9-1 為麥肯錫全球研究院製作的成本曲線。

展示成本曲線對政策制定者有幾種幫助，最重要的是幫助他們決定優先順序。通常你會尋求先實行低成本、高成效的方案，尤其是那些被視為能創造小贏的方案，之後再處理意見較分歧、成本較高的方案。在圖 9-1 中，低成本、高成效的方案是左邊那些長條圖寬度最寬者。歷經時日，伴隨有關於成本及成效的資訊收集，成本曲線上的方案的順序將改變，這使得此工具對政策制定者而言是一種可動態調整的工具。如同下文對可步行的技術說明所示，一干預措施的成本效益可能改變，舉例而言，若較高的房地產價值使得提高步行及騎腳踏車便利性的城市重新設計淨成本降低（房地產稅提供重新設計所需的資金），主動運輸

圖 9-1　肥胖干預措施的英國成本曲線

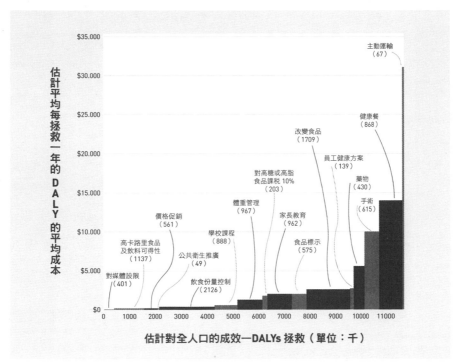

（active transport）這項干預措施就會變得更容易。

　　我們可能會看到一些負成本的干預措施，亦即採取這些行動，還能反過來省錢或獲得其他好處。這類干預措施落在成本曲線的底部，很像我們在降低碳排量曲線中看到的情形。麥肯錫全球研究院的分析指出，相較於體重在正常範圍的人，肥胖者每年的保健成本高出 750 美元至 1,100 美元。由於這些成本大多由國家健保承擔，個人較不能感受到減肥後的保健成本節省效益，因此誘因效果較低。但是那些能夠看出減肥

有助於改善就業機會及延長壽命的個人，可能就會在無需干預措施之下，選擇投資減重及體適能方案。我們稍後會探討有關誘因的問題。

綜合及行動呼籲

麥肯錫研究院團隊表達的宗旨是扭轉肥胖趨勢，減輕肥胖造成的個人及社會成本。在一個涉及多方利益的領域，提出具有成本效益、且大部分都有堅實佐證的干預措施，這是有效的做法。從成本效益角度探索了廣泛選擇後，這篇研究報告提出行動呼籲，敦促決策者現在就對種種干預措施採取行動，別再拖延與等待一個不可能出現的銀色子彈。這項研究的問題分解法特別使用政府干預，而非其他類型的行動。改變人們的行為相當困難，但我們看出，可以結合嚴苛與務實與本書介紹的方法相符，既實用於簡單問題也實用於棘手問題。

解決肥胖問題的更多點子

本書從頭到尾都強調在分析與行動之間迭代，肥胖之類的棘手問題展示了迭代的必要性。當麥肯錫研究院的這份研究報告要做下一次迭代時，我們看到了納入更多干預措施的機會，尤其是行為干預。我們進行腦力激盪、分析及訪談專家後，得出以下 5 個建議，我們之選擇這 5 個建議是因為在解決問題時，尋求全面的方法、改變行為的誘因以及高槓桿效益的方案。

一、**在肥胖問題中納入所得與教育做為政策變數：** 羅伯伍德強生基金會（Robert Wood Johnson Foundation）的分析提出證據指

出：「成年人肥胖率有趨於平緩的跡象」，更好的消息是，研究發現：「沒有受過大學教育及所得低於 15,000 美元的成年人肥胖率比其他成年人高出約 30%」。[4] 這些發現相似於對美國城市做迴歸分析後得出的結果（參見第 6 章）：所得與教育水準以及城市的可步行性與舒適度，對 68 個美國城市的人口肥胖率差異性的解釋度高達 82%。基於這些發現，我們把所得與教育納入防治方案的考量。

二、**對於個人行動，多使用誘因：**人壽保險公司早就已經針對與肥胖相關的成本，在保單上添加了附加保險費，醫療保險業者何不考慮把個人減肥後為保險公司節省下來的肥胖相關成本，拿來與他們分享呢？我們想到的一種誘因方案是，保險公司根據保戶的減肥成效，把節省下來的肥胖相關成本之一半拿來與保戶分享。保險公司可以邀請那些適合顯著減重者簽署這樣的契約，每個參與者在 12 個月內把 BMI 降低至可接受的範圍，並保持這個 BMI 水準 12 個月，就能獲得保費降低的獎勵。在推出獎勵方案前，可以用焦點團體進行誘因方案的測試。僱主也可以支持這種構想，一些日本僱主向員工提供大眾運輸工具的兌換券或補貼，這不同於美國僱主提供停車位做為員工獎勵或誘因。美國和日本都有許多僱主提供員工健身房會員補貼。

三、**人際網絡是解決肥胖問題的關鍵嗎？**美國的肥胖研究指出，肥胖率在 32 年間從 23% 提高到 31%。這項研究提出有趣的結論：「肥胖症可能以可量化及辨識的型態，在人際網絡中蔓延，這

型態取決於人際關係。」[5] 這些研究學者發現，若一個人變得肥胖，配偶變肥胖的可能性高出 37%，兄弟姊妹變得肥胖的可能性高出 40%，朋友變得肥胖的可能性高出 57%。根據這關連性，他們認為：「醫療及公共衛生干預措施的成本效益可能比原先設想的還要大，因為一個人的健康改善可能會連帶促成其他人的健康改善。」這個洞見會不會引領出優異的社會性解決計畫呢？有誰比綽號「輕推單位」（nudge unit）的英國行為洞見團隊（UK Behavioral Insights Team）更適合參與此計畫呢？他們會從何著手？既然一個變得肥胖的人很可能會連帶影響親友也變得肥胖，那麼，配偶、朋友或兄弟姊妹也可以帶頭，投入於減重行動。我們現在對人際網絡的了解遠比 10 年前還多，運用這些知識來應付肥胖問題似乎值得探索。

四、支持高槓桿效益的方案，例如減掉懷孕期增加的體重以及童年期減重：懷孕期過度增加體重的衍生後果就像連鎖反應般持續 30 年或更久，研究指出，懷孕期變得過重或肥胖的 40% 英國孕婦，生出肥胖嬰兒及小孩長到 6 歲仍然肥胖的風險增加 33%[6]，40% 的過重小孩到了青春期仍然過重，75% 至 80% 的肥胖青少年到了成年仍繼續肥胖[7]。由此可見，終身累積的影響真的很大。有研究探索對準媽媽的干預措施是否能夠在妊娠期（懷孕 6-20 週）時減少增加體重，若能夠在隨機對照實驗中證明這點，就有另一個槓桿效益特別高的機會，而且是個低成本的干預措施。

世界衛生組織終結兒童肥胖委員會（Commission on Ending Childhood Obesity）成員露易絲・鮑爾教授（Louise Baur）引用 17 篇研究文獻指出，0 歲至 2 歲期間體重快速增加的嬰兒，未來過重或肥胖的可能性增加近 4 倍。她建議：對家長提供營養諮詢服務；提倡在頭 12 個月餵哺母乳；每月看醫生以監測體重增加情形。[8] 用簡單易做的行動來應付兒童肥胖及連鎖效應，可能也有非凡的槓桿效益。

五、步行或主動運輸： 紐約與東京都是步行者天堂的城市範例，我們決定取樣 68 個美國城市，探索步行對肥胖的影響，迴歸分析結果：統計學上，步行是解釋這些城市的人口肥胖率差異性的一個顯著變數。其關係是，可步行性提高 10%，將使城市人口肥胖率降低 0.3%。在英國，這種影響程度相似於對高糖、高脂食品課稅 10% 所產生的影響。雖然在那份麥肯錫研究院的報告中，可步行性或主動運輸是所有高成本效益干預措施中薄弱的一個，但若房地產稅提高，有可能改善這個干預措施的效益／成本比。舉例而言，在美國前 30 大都會區，可步行都市區的每平方英呎租金比可開車的市郊區高出 74%[9]，這顯示未來的房地產稅稅收可用來做為經費，把城市改造成可步行的城市並非不可能：平均而言，日本居民每天步行距離是美國居民的 2 倍。

過重與肥胖人口對全球各地的政策制定者構成巨大課題，雖然肥胖

的導因很多——文化、行為、社會經濟、生物等等層面，這並不意味應該把肥胖問題視為棘手而擱置一旁。我們支持相反的態度：訂定遠大目標，在社會層級使用解決問題方法，採行多條干預途徑。我們對肥胖問題的檢視與探索使團隊比剛開始討論時更有信心找到解方，我們不會聲稱已經解決了問題，但我們的探索顯示，在對抗肥胖問題有很多大有可為的途徑，它們具有堅實的佐證，而且相對於肥胖對社會造成的經濟負擔而言，這些成本十分合理。

過漁，典型的棘手問題

環境惡化是最普遍的棘手問題之一，生態學家蓋瑞特·哈丁（Garrett Hardin）在 1968 年撰寫的著名文章〈公地悲劇〉（The Tragedy of the Commons）[10] 促使許多人產生一個觀點，認為公地、水、漁場之類的「共用資源」（common-pool resources）需要政府干預或私有權機制以避免過度使用。諾貝爾經濟學獎得主愛莉諾·歐斯壯（Elinor Ostrom）指出，公地問題有解方，其中解方是資源使用者之間的安排，存在已久，這些安排涉及透過規範的社區管理以及透過某種收穫權來仿效私有權。[11] 來看一個漁場改革的例子，這項改革使用聰明的解決問題來產生更好的結果。

定義問題

我們要談的漁場是加州沿海的美國西岸底棲魚漁場，這是美加邊界

與美墨邊界之間從沿岸延伸至海上 200 英哩的廣闊漁場的一部分。這座漁場的魚獲量衰減已有一段時間，1987 年的魚獲價值 1.1 億美元，到了 2003 年，衰減至僅有 3,500 萬美元。2001 年時，一位聯邦法官下令太平洋漁業管理委員會（Pacific Fishery Management Council，簡稱 PFMC）調查拖網漁捕（基本上就是用漁網拖掃海洋底層的作業方式）對海洋生物棲息地的影響，此調查證實拖網漁捕對棲息地及物種多樣性有顯著的負面影響。各方認為，在調查報告出爐後聯邦管制就能上路，但事實上，政府對漁具種類及入漁的干預措施在減緩資源枯竭方面成效有限。加州沿海漁場具有典型的共用資源問題的所有元素：太多入漁渠道及漁捕能力、沒有安全的魚類繁育區、破壞海底棲息地的漁具、魚群量減少、漁民的經濟收益愈來愈少。

傳統解方

　　PFMC 的調查報告雖然指出問題，降低底拖網漁捕負面影響的解方卻難以實行。採行的以下三種策略沒什麼成效：設立禁止拖網作業區、透過買回許可證以降低拖網漁捕的影響、修改漁具以降低對物種的影響與減少混獲（by-catch）。圖表 9-2 顯示一次性使用每種策略的結果。

　　傳統的由上而下管制方法成效不彰，漁民的經濟收益脆弱且持續惡化，很顯然的需要有所改變，查克·庫克（Chuck Cook）及大自然保護協會出手了。查克·庫克是大自然保護協會的老兵現為資深漁業顧問，對加州漁業的改革貢獻很多。[12] 更早之前，他和查爾斯曾共事於太平洋中央的帕邁拉環礁（Palmyra Atoll）的保育工作。在與地方社區、政府

圖 9-2　過漁的傳統解方

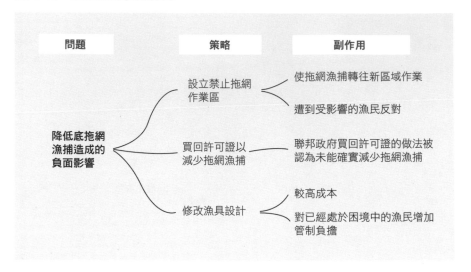

問題	策略	副作用

降低底拖網漁捕造成的負面影響

設立禁止拖網作業區
- 使拖網漁捕轉往新區域作業
- 遭到受影響的漁民反對

買回許可證以減少拖網漁捕
- 聯邦政府買回許可證的做法被認為未能確實減少拖網漁捕

修改漁具設計
- 較高成本
- 對已經處於困境中的漁民增加管制負擔

及其他夥伴合作找到共識及可行的永續性漁捕解方，查克有豐富經驗，他看出可能的解決途徑——在海洋環境中類比地應用土地保育役權（conservation easement）及市場交易機制。

新的改革方法

自 2004 年起，大自然保護協會和漁民密切合作下，產生了一個更好的解方。[13] 查克和 22 張拖網漁捕許可證的持有人會面，表達大自然保護協會有意收購拖網漁捕許可證，前提是他們必須支持建立一個海洋保護區，禁止在 380 英畝的海域進行底拖網漁捕。漁民和大自然保護協會的協商持續推進，2006 年，大自然保護協會以 700 萬美元買下超過 50% 的許可證，使協會成為美國西岸底棲魚漁獲權的次大持有人。接著，大

自然保護協會把許可證回租給漁民，但這次加上了保育限制。

　　還有另一個障礙必須克服，鼓勵漁民使用傷害力較小的漁具，取代網鉤式的拖網漁捕。計畫的第二階段由大自然保護協會的資深人員麥克・貝爾（Michael Bell）主持，協會和漁民建立自願性私下協議，明訂哪裡可以漁捕，嚴格限制專捕特定魚種及混獲以及按區域來限制漁具類型。不同於激烈競爭的漁捕型態，合作型漁捕成為加州中部沿海漁捕的範例，改善了這片漁場的經濟收益及生態環境。美國國家海洋漁業局（National Marine Fisheries Service）在 2011 年推出全面性漁獲量份額及可個別轉移的配額制度，根據魚種來區分的總漁獲量分配給每一個許可證持有人一個份額，並限制專捕特定魚種及混獲。這是沿海底棲魚漁業改革的最後一個重要環節。

　　這種創新的保育式漁補協議與地役權相似，以許可證及配額形式授予產權可以在限制條件下買賣。這些協議是由 PFMC、漁民及大自然保護協會等三方共同議定的，基於永續漁捕、魚種科學以及保育人士、科學家、漁民與政府之間通力合作的原則，內含愛莉諾・歐斯壯在分析管理共用資源的文獻中提到許多元素。

莫羅灣案例

　　因應這些變革，加州的港市莫羅灣（Morro Bay）設立一個非營利性的社區配額基金（community quota fund，簡稱 CQF），其理事會成員包括漁業社區、莫羅灣市、科學家、經濟學家。[14] 大自然保護協會已經把它收購而得的大多數許可證及漁獲權賣給 CQF 和加州中部沿海的其

他類似組織，這些組織把這些許可證及漁獲權當成社區資產出租給個別漁民，其結構如圖 9-3 所示。

　　莫羅灣是加州中部沿海從事太平洋底棲魚漁業的四個主要地區之一，1995 年時漁獲總值約 1,000 萬美元，到了 2003 年降低至 200 萬美元，反映了魚種的流失。在前面的新安排之下，2010 年的漁獲總值回升至 400 萬美元，2014 年時回升至 830 萬美元。這些改善有部分歸因於魚量的復增，但也歸因於配額漁獲制導致的較高每磅價格，配額制使漁獲

圖 9-3　社區漁業所有權

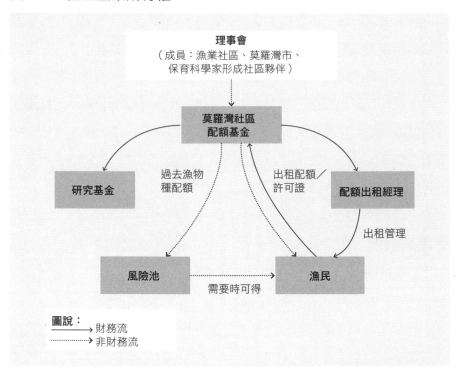

量更加均勻分布，漁民可以獲得更高價值的市場。如圖 9-4 所示，截至目前為止，透過集體行動，結合管制與市場機制的解方把一個原本瀕死的漁業拯救回來。

根據莫羅灣 2015 年商業性漁業經濟影響報告（Morro Bay 2015 Commercial Fisheries Economic Impact Report）：「莫羅灣已經成功地從一個較大船隊仰賴拖網作業及大量卸貨的模式，轉型為一個較小船隊、物種多樣性及漁具種類更廣泛的模式。漁業收入自 2007 年開始從 25 年間的新低點反彈成長可茲為證，2015 年的漁業收入是過去 20 年最高的一年。」[15] 除了這些經濟指標，另外的效益還有物種多樣性以及物種重

圖 9-4 莫羅灣漁獲價值（所有物種、卸貨點交易價值）

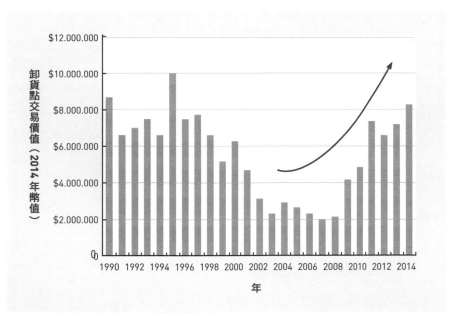

現，例如長蛇齒單線魚，這些是預示漁業可以永續至未來的因素。在莫羅灣，商業性漁業為漁夫、碼頭工人、海產加工提供了 195 個工作機會，此外還有每年吸引 2 百萬遊客的觀光業，許多人前來莫羅灣觀看港口作業、購買或享用新鮮海產。

莫羅灣和加州沿岸其他漁港的過漁問題或許已經解決，但在全球各地、過漁問題仍然嚴重，共用資源解決方案和集體行動的例子鼓舞了我們，不需把這類問題歸類為「太難」類別。2016 年時，大自然保護協會和旗下保育投資團隊 NatureVest 主導在塞席爾共和國進行一種創新的「外債換自然」（debt-for-nature swap）方案，在此方案下，已經建立了面積達 989 萬英畝（相當於德國總面積）的一個海洋保護區。我們在加州、塞席爾共和國及其他集體行動案例中看到，透過問題定義、問題分解及分析，產生了比傳統管制干預更有成效的新解方。可以透過有條不紊的解決問題方法，發展出創新機制，把棘手問題予以內化與消減。

結論

我們已經探討了幾個棘手問題以及發展出創新解方的方法，包括放寬可以成為解方的部分假說；修改誘因以把外部性內化；以不同的方式分解問題，顯露關於干預措施的新洞見。這些是較困難的問題，有較多的導因和可能的社會問題要克服，但跟第 1 章談到的簡單問題一樣，可以用有條不紊的解決問題法來解決。

是否有其他的棘手問題是本書的解決問題法無法應付的呢？棘手問

題的一些極端層面呈現特殊挑戰，但我們不認為不適用解決問題法。以下是一些例子：

- **當一個干預措施導致問題的樣貌被改變時。**社會問題——例如社會福利支出——往往具有這種性質，干預措施可能導致依賴性，削弱正面行為。在這種情況下需要使用在第 8 章的改變理論，畫出反饋迴路，反饋迴路可能顯示負面效果，那就必須設法把誘因部分做對。

- **當問題的唯一正確解答不存在時。**舉例而言，在決定一國家的能源組合中是否該包含核能發電時，我們承認，在明顯衝突的選項之下，這個問題沒有唯一正確的答案。在這種情況下，我們應該探討各種有理的正確答案的取捨，或者在一些案例中，可能要選擇最不那麼糟糕的結果。在應付這類問題時，我們會使用類似查爾斯決定遷居何處時的偏好分析圖，但更複雜些的版本或是使用賽局理論來得出「最大值最小化（minmax）的解方，亦即把涉及的最大損失給予最小化的解方。

- **當價值觀扮演重要角色時。**美國的槍枝管制是個涉及價值觀的問題，價值觀明顯左右著辯論結果。有時候這些看起來很棘手，但共識最有可能浮現自解決擁槍造成的意外或凶殺的源頭問題以及使用較簡單的干預措施（例如心理健康與犯罪紀錄背景調查、槍枝管制的等待期、終結槍枝販售漏洞）來應付其中導因。死刑限制也是類似的問題，當正視死刑定罪的高錯誤率時，往往能使對死刑抱持不同價值觀的人達成共識。我們發現，讓抱持不同價值

觀的人參與問題分解和事實收集，有助於建立共識。

- **當真正的問題存在於別的、更明顯的問題內部時。**全球各地許多城市都存在的遊民問題就是一例，很少組織在應付遊民問題時，把收容所視為一個核心課題（儘管，它們也解決了這個課題），除了提供收容所，它們的努力朝向根本的社會、財務及心理健康問題，思考如何解決。舉例而言，尋找收容所或庇護所的女性中有一大部分跟家暴有關，根本原因是男性行為複雜而不易了解與應付，但這是長期解方的關鍵。我們相信，在肥胖問題案例得出高成本效益解方的方法與工具，同時也適用於遊民問題。

在檢視或處理過一些棘手問題後，我們有信心你可以使用 7 步驟流程來應付最具挑戰性的問題，並且獲得好成效與洞見。沒有理由把任何問題放進「太難」的籃子裡而擱置一旁，想成為明智的公民與投票人，全都必須願意正視最困難的社會問題，運用解決問題的創意。

本章重點 ———

- 某些問題特別困難是因為它們是複雜系統的一部分，有多重導因、牽涉到許多利害關係人、涉及外部性、需要困難的行為改變才能有所成效。在過去 40 年的政策文獻中，它們被貼上「棘手問題」標籤，包括恐怖行動、氣候變遷、遊民、肥胖等問題。
- 雖然這類問題比較難解決，但我們相信 7 步驟框架可以揭露對問題的洞見。

- 這類最困難問題的解決手段往往來自系統性而非局部的解決問題，來自把外部性內化成內在因素，來自以新穎方式分解問題。

換你試試看 ————

一、列出所有你認為是複雜系統、涉及多方、有多導因的問題。

二、建立一個用以了解遊民問題導因的邏輯樹；挑選其中一枝樹枝，試試能否想出把外部性內化成問題內生因素的方法。

三、建立一個邏輯樹，分析在西方國家的恐怖行動的動因；你能否想出新方法來分解此問題，發掘新穎的解決途徑？

第 10 章

成為優秀的
問題解決者

　　本書從闡述所有領域都需要有創意的解決問題能力拉開序幕，曾經，解決問題被視為是科學、工程、管理顧問等少數專業領域所做的事，但邁入 21 世紀後種種變化加快，解決問題不再是少數領域需具備的技巧，不論是任職企業、非營利組織或政府部門的個人及團隊，都被期望要擁有解決問題的技巧。現在各行各業及各種領域的僱主愈來愈重視應徵人才的分析、思考技巧，評量員工的創意解決問題能力，晉升那些能夠動員敏捷團隊以快速應付需求變化的員工。21 世紀是一個解決問題的世紀。

　　我們深信，優秀的解決問題者並不是天生的而是後天養成的。在本書中，我們帶著你仔細檢視了優秀的解決問題必須具備哪些工夫，目的是想幫助你成為有自信、有創意的問題解決者，感覺自己有能力運用這些方法來解決大大小小的問題；本書介紹的 7 步驟流程提供了一條幫助你應付面臨的事業、個人或社會問題及找出解方的途徑。本書中討論的

30 個案例涵蓋在工作與生活中可能遭遇的問題範圍，我們希望，讀完本書後，你不會再覺得優秀地解決問題很高深莫測了。

　　麥肯錫最強問題解決法 7 步驟不需要具備高等數學或邏輯文憑，優秀的解決問題流程是由以下步驟構成的：提出好的疑問，變成鋒利的假說；用邏輯方法來框架與分解問題；嚴謹地排序以節省時間；用堅實的團隊流程來促進創意及反制偏誤；從捷思法起步、再移向適切的大槍砲的精明分析；最後綜合分析獲得的發現，把它們轉化成激發行動的動人故事。我們相信，假以練習與經驗，你將變得善於用聰明新方法來分解問題，學會區別症狀與根本原因，保持在有效率的解決問題的關鍵路徑上。我們有此信心，是因為在職涯中，我們目睹其他人在短期內從剛步出校門的新人變成令人佩服的解決問題者。

　　在最終章，我們想提供最後的鼓勵與忠告，它們是 7 步驟流程的口訣，是我們與團隊討論此方法時的強烈感受。請牢記以下十點：

一、**首先，花時間仔細了解你的問題**。起初提出的問題往往不是真正的問題，所以別急於做分析，先花點時間仔細地向涉事的決策者探究問題。務必知道問題的範圍界限（通常，測試它們十分值得，使後面階段的創意發揮最大化）、需要的解方準確度、解決問題的時間範圍以及影響問題的其他力量。在獲得更多了解後，可能需要修改問題陳述，用一日解答來迭代的精修。切記，終極目的是要激發行動去改變。

二、**有一個問題敘述，就可以著手了**。你不需要等待收集到巨大的資料集或建立繁雜的電腦模型，取一大張白紙和一支筆，或

者，更好的是使用一塊白板，開始為問題繪出一個邏輯樹。當你鑽研資料時，可以預期思考將有所演變，從一個簡單的成分結構移向更複雜的假說。在此階段，只是在探索哪些東西必須成立才能支持一個假說。

三、**對邏輯樹嘗試幾種分解方式。**我們經常採取的做法是，在便利貼上寫下成分或樹枝，到處移動它們，直到得出一個有道理的邏輯分類。你可以把這想成解謎：從手上最明確的那些片塊往回推。嘗試一或多種分解框架，看看哪種分解法可以產生最多的洞見。然後把選擇的分解法產生的主要關係結構展示出來，最好是用數學形式或涵蓋所有可能性的形式呈現。

四、**盡可能使用團隊模式。**團隊模式為解決問題流程帶來許多益處：思考與經驗的多樣化有助於增進創意的豐富性，減少發生確認偏誤及其他常見偏誤的可能性。若你是獨自解決問題，徵求同事、朋友、家人及鄰居組成一支團隊，可以是虛擬形式的團隊。我們經常採取的做法是創造有見識者組成的虛擬團隊，檢驗對案例的想法與假說，尤其是那些涉及深度領域專長的案例。比起倚恃自己，這麼做使我們變得更為聰敏而且也使解決問題的工作變得更有趣。嘗試使用團隊投票之類的方法來克服權威偏誤，使用紅隊／藍隊對抗的方法來覺察其他觀點，使用模擬審判來推進對立面。

五、**正確的投資在規畫一個好的工作計畫。**一個好的工作計畫只需花一點點前置時間，但將在後面省下許多做白工時間。大刀闊

斧地修剪邏輯樹，聚焦在你有能力撬動的大槓桿。非常明確地描繪某特定結果該是怎樣的面貌？它是在質疑什麼假說？誰將執行它？在何時之前完成？使用只為期兩到四週的精實工作計畫，以免過度沉浸於初步想法；使用精實專案計畫，並用甘特圖來管理它們，保持在軌道上。

六、**用摘要統計、捷思法及經驗法則來展開分析，對資料與解方空間取得初步了解。** 在投入於巨大資料集、機器學習、蒙地卡羅模擬或其他大槍砲之前，務必先探索資料了解它的品質，了解重要關係的強度與方向，評估是在試圖了解問題的導因以規畫干預措施呢，還是試圖預測世界的一種狀態。先進的分析有實用性，但是根據經驗，有良好邏輯和簡單的捷思法做為支持的一日解答通常就足以解決許多問題，讓你轉向應付更困難的問題。

七、**必要時，別畏懼使用大槍砲。** 有時候一個複雜問題——例如大城市公車路線規畫，在醫學影像中查出疾病或是優化一家全球性公司的生產設施，確實需要使用先進的分析方法。你在統計學或作業研究課程中遇到的工具，現在大多有簡單、強大、且直覺的套裝軟體可供使用。也可以選擇把大槍砲問題外包給眾包的機器學習技術團隊，讓他們為你分析資料和預測，有些眾包團隊可能收取費用，有些則是只需你給予一些鼓勵的話。當你的目的涉及第二方，而你的行動將引發他們反應時，尤其是當涉及較長期間與不確定性時，你需要花些心力在賽局理論模

型、風險管理行動、策略階梯及長期改變理論。

八、**對綜合與說故事階段投入的工夫不應少於做分析階段。** 當你完成分析，揭露有關於問題的精闢洞見時，往往很自然地宣布解決了問題，但是在企業、非營利組織或政治領域，解決問題工作大多涉及說服某人以不同方式做某件事，因此你的頓悟時刻還未完全解決問題，還必須說服利害關係人接受並採行計畫。切記，人類是視覺型學習者而且喜愛聽故事。

九、**像彈奏手風琴般壓縮或擴展地對待 7 步驟流程。** 我們經常提到，7 步驟是一個迭代流程，我們也強調，可以視問題性質與需要而壓縮或擴展步驟，所以某種程度上它也像個手風琴。使用一日解答來激發團隊與決策者去做問題需要的分析層級。

十、**別被面臨的任何問題給嚇住。** 若投資時間上手熟悉這 7 步驟流程後，我們有信心你將有能力去應付遭遇的任何個人、企業或社會問題，甚至棘手問題。這不是自大，只要合理地投資在有條不紊的解決問題，幾乎任何問題都能獲得洞見。所以當你變得擅長於這 7 步驟解決問題法後，就像擁有超能力般強大。

不論在個人、職場或公民的生活中，都沒有看到問題變得更容易，在創意解決問題以找到聰明解方和化解歧見方面，絕大多數機構並未做出足夠的投資。但現在我們有這機會了，希望你貢獻心力為面臨的挑戰尋求解方。

問題定義工作表

問題陳述：

決策者	成功標準／指標
影響決策者的重要力量	解決問題的時間範圍
範圍／限制	需要的準確度

附錄 2：

影響投資資本報酬率的槓桿（此表是針對零售事業；把它修改成影響你的事業的 ROIC 槓桿）

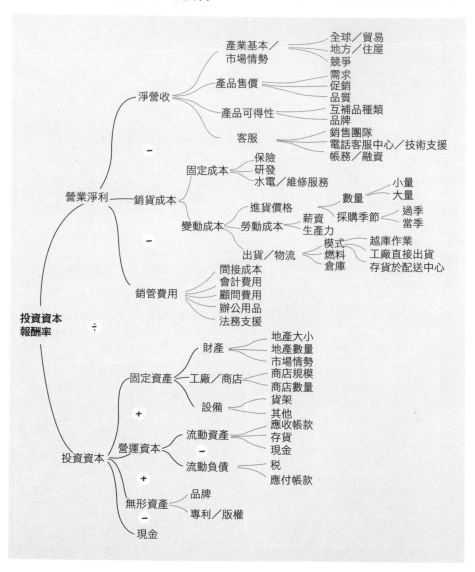

附錄 3：

排序工作表

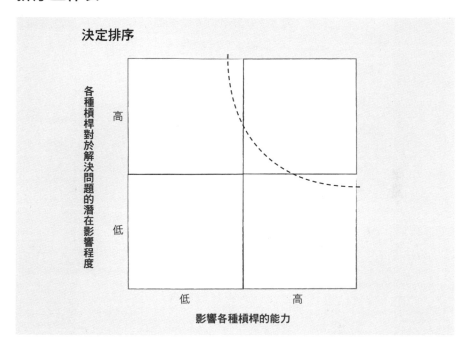

決定排序

各種槓桿對於解決問題的潛在影響程度

高

低

低　　　　　高

影響各種槓桿的能力

附錄 4：

工作計畫表

問題	假說	分析	資料來源	職責 & 交差日	成品

故事情節樹工作表

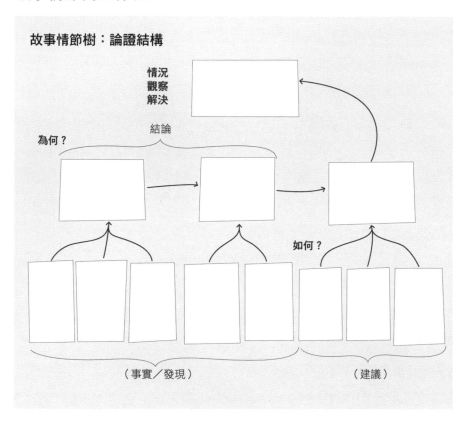

致謝

超過三十年的時間，我們在許多行業及領域與解決問題的同事互動並從中獲益無窮。和重要友人一起創意地解決問題最有成效，我們有很多這樣的朋友，但記憶力不甚完美難免疏漏，先在此致歉。

首先感謝在麥肯錫的同事，他們在推進解決問題方法上是傑出的領先者，這其中包括 David White、John Stuckey、Mehrdad Baghai、Ron Farmer、David Balkin、Clem Doherty、Diane Grady、David Court、Nick Lovegrove、Andrew Nevin、David Ravech、Evan Thornley、Kate Harbin、Jeremy Liew、以及 Greg Reed（1992 年與查爾斯合著實習生訓練文件〈攻無不克的解決問題的 7 個簡易步驟〉）。查爾斯感謝職涯早期讓他學習良多的同事，包括 Sir Roderick Carnegie、Fred Hilmer、Don Watters、Robert Waterman、Ian Shepherd、以及 Charles Shaw。特別感謝 Rik Kirkland，以堅定之手一路指引本書撰寫，以及查爾斯在牛津的羅德獎學金同學、現已退休的麥肯錫常務董事 Dominic Barton。

我們和羅德獎學金學者及牛津研究所學生組成的團隊渡過了一個很棒的夏天，團隊成員包括分析型思考者暨傑出的插畫家 Jess Glennie（本書的所有圖表都出自其手）、Brody Foy、Bogdan Knezevic、Ashley Orr、William Rathje、Tim Rudner 以及 Evan Soltas。我們也獲得下列這些人在案例研究上的協助：JanaLee Cherneski、Linda Eggert、Nadiya Figueroa、Max Harris、Michael Lamb 以及 Miles Unterreiner。特別感謝羅德信董事會主席 Sir John Hood 鼓勵我們撰寫此書。

　　查爾斯也要感謝他任職波士頓顧問集團時的同事，包括 Steve Gunby、Gary Reiner、Steve Kaplan 以及 Thomas Layton，他們全都是極具洞察力的解決問題者。感謝巴塔哥尼亞公司的創辦人及高層團隊，他們是我們認識的人當中最英勇的環境與企業問題解決者。

　　羅伯和查爾斯很幸運地有機會把本書介紹的解決問題方法應用於環保工作，感謝高登與貝蒂摩爾基金會的同事及受贈人，包括 Aileen Lee、Ivan Thompson、Michael Webster、Pic Walker、Maureen Geesey、Heather Wright、Greg Knox、Greg Taylor、Bruce、Julia and Aaron Hill、Mark Beere、Professor Jack Stanford、Jeff Vermillion、Spencer Beebe 以及 Guido Rahr。特別感謝在大自然保護協會裡共事於應付許多複雜問題的人，包括 Chuck Cook、Nancy Mackinnon、Mark Tercek、Bill Ginn、Michael Looker 以及 Rich Gilmore。

　　本書受惠於許多讀者及顧問的關注，包括耶魯大學的教授 Barry Nalebuff、西澳大學的 Dan Lovallo、Professor Stephen Roberts、雪梨大學的教授 Sally Cripps、Ashok Alexander、Dr. Paul Scully Power、Jon Ireland、

Nigel Poole、Cameron Conn、歷史正義與和解研究所（Institute for Historical Justice and Reconciliation）的 Dr. Timothy Ryback、以及兩位匿名評論者。

羅伯的太太 Paula McLean 提供了優秀的編輯協助，本身也是編輯的她花了整個夏天在牛津大學閱讀本書所有章節的草稿，並且不斷地提醒必須更詳細地解釋我們的邏輯、簡潔文筆、別使用商業行話、講述好故事。羅伯的女兒 Virginia Grant 也是一位編輯，她完成本書交稿前的編輯工作，感謝她在忙碌的行程中撥冗以及明顯地改善了本書內容。我們選擇不僱用一位文學經紀人，而是仰賴澳洲一家大型出版社的前編輯主任 Margie Seale。

感謝 John Wiley & Sons 出版公司的 Bill Falloon 相信本書以及我們，這是我們兩人撰寫的第一本書。感謝該公司編輯團隊的 Jayalakshmi Erkathil Thevarkandi、Michael Henton、以及 Richard Samson 協助將本書付梓，與您們共事是愉快的體驗。

Camilla Borg 和 Paula McLean 支持我們歷經漫長夜晚與週末的研究、撰寫與編輯工作，我們兩位作者把本書獻給她們。

資料來源

前言

1. Larry Bossidy and Ram Charan, *Execution: The Discipline of Getting Things Done* (Random House, 2008).
2. Josh Sullivan and Angeka Zutavern, *The Mathematical Corporation: Where Machine Intelligence and Human Ingenuity Achieve the Impossible* (Public Affairs, 2017).
3. *Future of Jobs: Employment, Skills and Workforce Strategy for the Fourth Industrial Revolution* (World Economic Forum, 2016).
4. Boris Ewenstein, Bryan Hancock, and Asmus Komm, "Ahead of the Curve: The Future of Performance Management," *McKinsey Quarterly*, May 2016.
5. David Brooks, "Everyone a Changemaker," *New York Times*, February 18, 2018.
6. Beno Csapo and Joachim Funke (eds.), *The Nature of Problem Solving: Using Research to Inspire 21st Century Learning* (OECD Publishing, 2017).
7. Douglas Belkin, "Exclusive Test Data: Many Colleges Fail to Improve Critical Thinking Skills," *Wall Street Journal*, June 5, 2017.
8. Philip Tetlock and Dan Gardner, *Superforecasting: The Art and Science of Prediction* (Random House, 2015).
9. Tobias Baer, Sven Hellistag, and Hamid Samandari, "The Business Logic in Debiasing," *McKinsey Latest Thinking*, May 2017.
10. *Planting Healthy Air* (The Nature Conservancy, 2016).
11. Herbert Simon, *The Sciences of the Artificial* (MIT Press, 1968).

第 2 章

1. 例如，參見：Clayton M. Christensen, *The Innovator's Dilemma: When New Technologies Cause Great Firms to Fail* (Harvard Business School Press, 1997).

第 3 章

1. Margaret Webb Pressler, "The Fall of the House of Hechinger," *Washington Post*, July 21, 1997.
2. 參見 Nassim N. Taleb, *The Black Swan: The Impact of the Highly Improbable* (New York: Random House, 2007)，這本書對機率與決策錯誤有很精闢的探討。
3. 關於補救措施的定義。**提供脈絡／說明標牌**：文物續留原地，但講述此人在犯行中的角色的故事。**平衡**：在實體或數位空間引進其他人的聲音／影像，包括那些被冒犯或受害者，可能也包括平衡性的修復式正義行動。**遷址**：把文物從原址遷移至可供研究的地點。**重塑或編輯**：把原始文件留在原地，但作出凸顯犯行層面的修改。**摧毀或移除**（字面意思）。**改名**（字面意思）。**道德平衡**：以道德尺度來決定此人的首要遺產。**補償及／或修復式正義**。
4. J. Hammond, R. Keeney, and H. Raiffa, *Smart Choices* (Broadway Books, 1999), 48-49.
5. McKinsey & Company, *Pathways to a Low-Carbon Economy: Version 2 of the Global Greenhouse Gas Abatement Cost Curve*, September 2013.
6. *Health at a Glance 2017: OECD Indicators*, Health Stats, EPA NSW, iTree assessment of canopy cover, Figure 6, UTS, Institute for Sustainable Futures, May 2014.

第 4 章

1. Daniel Kahneman, *Thinking, Fast and Slow* (New York: Farrar, Straus and Girous, 2011).
2. Philip Tetlock and Dan Gardner, *Superforecasting: The Art and Science of Prediction* (Crown Publishing, 2015).
3. 參見：Rolf Dobeli, *The Art of Thinking Clearly* (Sceptre, 2013).
4. Daniel Kahneman, Dan Lovallo, and Olivier Sibony, "The Big Idea: Before You Make That Big Decision," *Harvard Business Review*, June 2011；本書作者與雪梨大學教授丹‧洛瓦羅的私人交談。
5. Philip Tetlock and Dan Gardner, *Superforecasting: The Art and Science of Prediction* (Crown Publishing, 2015).
6. Caroline Webb, *How to Have a Good Day* (Random House, 2016), 167.
7. Caroline Webb, *How to Have a Good Day* (Random House, 2016), 170-172.
8. Philip Tetlock and Dan Gardner, *Superforecasting: The Art and Science of Prediction* (Crown Publishing, 2015).
9. Nassim N. Taleb, *The Black Swan: The Impact of the Highly Improbable* (New York: Random House, 2007).
10. Daniel Kahneman, Dan Lovallo, and Olivier Sibony, "The Big Idea: Before You Make That Big Decision," *Harvard Business Review*, June 2011.

第 5 章

1. Nassim N. *Taleb, The Black Swan: The Impact of the Highly Improbable* (Penguin, 2007).
2. Gerd Gigerenzer, Peter M. Todd, and ABC Research Group, *Simple Heuristics That Make Us Smart* (Oxford University Press, 1999).
3. Report prepared for the United Kingdom's Department of International Development by the Nature

Conservancy, WWF, and the University of Manchester, "Improving Hydropower Outcomes through System Scale Planning, An Example from Myanmar," 2016.

4. Warren Buffett, "My Philanthropic Pledge," *Fortune*, June 16, 2010.

5. 我們的友人、耶魯大學管理學院教授巴利・內爾巴夫（Barry Nalebuff）指出，精確的法則是 69.3，但通常把它加到 72，因為這樣更容易在腦海裡做除法運算。

6. CB Insights, May 25, 2015, www.cbinsights.com.

7. Nate Silver, *The Signal and the Noise* (Penguin, 2012).

8. Dan Lovallo, Carmina Clarke, and Colin Camerer, "Robust Analogizing and the Outside View: Two Empirical Tests of Case Based Decision Making," *Strategic Management Journal* 33, no. 5 (2012): 496-512.

9. " 'Chainsaw Al' Axed," *CNN Money*, June 15, 1998.

10. 這個問題是耶魯大學管理學院教授巴利・內爾巴夫建議的。

11. Nicklas Garemo, Stefan Matzinger, and Robert Palter, "Megaprojects: The Good, the Bad, and the Better," *McKinsey Quarterly*, July 2015 (quoting Bent Flyvberg, Oxford Saïd Business School).

12. Daniel Kahneman, Dan Lovallo, and Olivier Sibony, "The Big Idea: Before You Make That Big Decision," *Harvard Business Review*, June 2011.

13. Gerd Gigerenzer, Peter M. Todd, and ABC Research Group, *Simple Heuristics That Make Us Smart* (Oxford University Press, 1999) (drawing on a medical study at the University of California, San Diego Medical Center by Breiman et al., 1993).

14. R. Sihvonen et al., "Arthroscopic Partial Meniscectomy versus Sham Surgery for a Degenerative Meniscal Tear," *New England Journal of Medicine* 369, no. 26 (December 26, 2013): 2515-2524.

15. R. Sihvonen et al., "Arthroscopic Partial Meniscectomy versus Sham Surgery for a Degenerative Meniscal Tear," *New England Journal of Medicine* 369, no. 26 (December 26, 2013): 2515-2524.

16. Cartilage repair via stem cells, Herbert Kim interview, UCSF, 2015.

17. David Nield, "New Hydrogel That Mimics Cartilage Could Make Knee Repairs Easier," *Science Alert*, April 25, 2017.

18. Taichi Ohno, "Ask 'Why' Five Times about Every Matter," Toyota Traditions, March 2006.

19. Susan Wolf Ditkoff and Abe Grindle, "Audacious Philanthropy," *Harvard Business Review*, September-October 2017.

第 6 章

1. 本書作者與牛津大學教授史蒂芬・羅伯茲的私人通訊。

2. MGI Obesity Study, 2013.

3. American Fact Finder, https://factfinder.census.gov/faces/nav/jsf/pages/index.xhtml.

4. Tim Althoff, Rock Sosic, Jennifer L. Hicks, Abby C. King, Scott L. Delp, and Jure Leskovec, "Large-Scale Physical Activity Data Reveal Worldwide Activity Inequality," *Nature* 547 (July 20, 2017): 336-339.

5. Sperling's Best Places, www.bestplaces.net.

6. 多元共線性（multicollinearity）檢驗是檢驗一個自變數可以用另一個自變數來線性預測的程度，在柏格丹的分析中，所得和教育水準這兩個變數的多元共線性為正，其他變數和這兩個變數之間的多元共線性為負相關，因此仍然保留所得和教育水準這兩個變數。

7. Presidential Commission on the Space Shuttle Challenger Accident, 1986.

8. C. J. Maranzano and R. Krzysztofowicz, "Bayesian Re-Analysis of the Challenger O-ring Data," *Risk Analysis* 28, no. 4 (2008): 1053-1067.

9. 朱迪亞・珀爾（Judea Pearl）與達納・麥肯錫（Dana Mackenzie）的合著《因果革命》（*The Book of Why*）中有一個關於干擾因子的好例子：諾貝爾獎得主和他們來自的國家的人均巧克力消費量之間的相關性。富有國家在教育上的投資更多也吃更多的巧克力，因此財富和諾貝爾獎得主屬國是干擾因子。

10. https://blog.optimizely.com/2013/06/14/ea_simicity_optimizely_casestudy/_.

11. 《經濟學人》的這篇文章引用以下研究文獻：Hsiang, Kopp, et al. ("Estimating Economic Damage from Climate Change in the United States," *Science* 2017)，指出每增加華氏一度，氣候變遷帶給美國的成本是 GDP 降 低 0.7%。http://science.sciencemag.org/content/356/6345/1362. full?ref=finzine.com%20; "Climate Change and Inequality," *The Economist,* July 13, 2017, https://www.economist.com/news/finance-and-economics/21725009-rich-pollute-poor-suffer-climate-changeand-inequality; http://news.berkeley.edu/2017/06/29/new-study-maps-out-dramaticcosts-of-unmitigated-climate-change-in-u-s/.

12. 本書作者與麗珀公司技術長保羅・史庫利・鮑爾的私人通訊。

13. 機器學習跟使用的資料一樣，可能優，可能弱。我們見過資料集裡有 10% 或更多錯誤的例子，若一個模型有明顯的錯誤，它就會把那資料中的所有偏誤植入它的預測工作裡。

14. Kaggle 網站。

15. Philip E. Tetlock and Dan Gardner, *Superforecasting: The Art and Science of Prediction* (Crown Publishing, 2015).

16. Philip E.Tetlock and Dan Gardner, *Superforecasting: The Art and Science of Prediction* (Crown Publishing, 2015).

17. CSIRO briefing to US government, December 5, 2006. https://wikileaks.org/plusd/cables/07CANBERRA1721_a.html.

18. 本書作者與梅赫達・巴蓋的私人通訊。

19. PriceWaterhouse Coopers, *Patent Litigation Study: A Change in Patentee Fortunes*, 2015.

20. Avinash K. Dixit and Barry J. Nalebuff, *Thinking Strategically* (W.W. Norton, 1991).

21. GamSetMAP, February 19, 2013.

第 7 章

1. Ray Dalio, *Principles: Life and Work* (Simon & Schuster, 2017) (Referenced in Shane Parrish's blog Brain Food #233).

2. Gene Zelazny, *Say It with Charts: The Executive's Guide to Visual Communications* (McGraw-Hill, 2001), and Cole Nussbaumer Knaflic, *Storytelling with Data: A Data Visualization Guide for Business Professionals* (Wiley, 2015).

3. Barbara Minto, *The Pyramid Principle*, 3rd ed. (Prentice Hall, 2009).

4. Cole Nussbaumer Knaflic, *Storytelling with Data: A Data Visualization Guide for Business Professionals* (Wiley, 2015).

第 8 章

1. Hugh Courtney et al., "Strategy Under Uncertainty," *McKinsey Quarterly*, 2000.

2. Hugh Courtney, "A Fresh Look at Strategy Under Uncertainty: An Interview," *McKinsey Quarterly*, December 2008.

3. *Uncertainty*, Chapter 5 by Albert Madansky in *Systems Analysis and Policy Planning*, Quade and Boucher, RAND Corporation, 1968.

4. James C. Morgan and Joan O'C. Hamilton, *Applied Wisdom: Bad News Is Good News and Other Insights That Can Help Anyone Be a Better Manager* (Chandler Jordan Publishing, November 2016).

5. Adam Brandenberger and Barry Nalebuff, *Co-Opetition* (Currency Doubleday, 1996), 156.

6. Michael Lewis, *The Big Short* (W. W. Norton, March 2010.)

7. Chris Bradley, Martin Hirt, and Sven Smit, *Strategy Beyond the Hockey Stick: People, Probabilities, and Big Moves to Beat the Odds* (Wiley, 2018).

8. 雪梨大學統計學教授莎莉・克里普斯（Sally Cripps）。

9. Mehrdad Baghai, Stephen C. Coley, and David White with Charles Conn and Robert McLean, "Staircases to Growth," *McKinsey Quarterly* 4 (November 1996).

10. McKinsey Executive Briefing. Technology, Jobs, and the Future of Work. www.mckinsey.com/global-themes/employment-and-growth/technology-jobs-and-the-future-of-work.

11. "The Digital Future of Work," McKinsey Global Institute, July 2017, https://www.mckinsey.com/featured-insights/future-of-work/the-digital-future-of-work-what-skills-will-be-needed.

12. 在已開發國家，個人資產與積蓄是退休所得的一個重要部分。在准許持有退休金以外的個人資產方面，各國政府的做法不一，某些國家規定，退休金的計算必須把個人資產包含在內；其他國家（例如澳洲）則是准許把個人資產排除於退休金的計算之外。因此，你的計算將視你生活地的法規而有所不同。

13. www.helpage.org/global-agewatch.

14. Australian Bureau of Statistics.

15. International Longevity Council UK, 2015.

16. Tim Koller, Marc Goedhart, and David Wessels, *Valuation: Measuring and Managing the Value of Companies*, 5th ed. (Wiley, 2010).

17. 如同以下文獻所言，我們不知道的事件的信心區間通常太低：M. H. Bazerman and D. A. Moore, *Judgment in Managerial Decision Making* (Wiley, 1986)。對於三級和四級不確定性的情況，這可能是個大問題。

18. M. E. Porter, *Competitive Advantage: Creating and Sustaining Superior Performance* (New York: Free Press, 1998).

19. Avinash K. Dixit and Barry J. Nalebuff, *Thinking Strategically* (W.W. Norton, 1991).

20. 我們的澳洲辦事處同事、《企業成長煉金術》（*The Alchemy of Growth*）一書的合著者大衛・懷特（David White）及梅赫達・巴蓋（Mehrdad Baghai）是這項計畫的重要夥伴。

第 9 章

1. Horst W. J. Rittel and Melvin M. Webber, "Planning Problems Are Wicked Problems," *Polity* (1973).
2. Richard Dobbs et al., *Overcoming Obesity: An Initial Economic Analysis*, McKinsey Global Institute (November 2014).
3. Bryony Butland et al., *Foresight: Tackling Obesities: Future Choices ― Project Report*, 2nd ed. (UK Government Office for Science, 2007).
4. State of Obesity: *Better Policies for a Healthier America*. Trust for America's Health and Robert Wood Johnson Foundation. August 2017.
5. Nicholas A. Christakis and James H. Fowler, "The Spread of Obesity in a Large Social Network over 32 Years," *New England Journal of Medicine* 2007, no. 357 (2007): 370-379.
6. H. T. Tie, et al., "Risk of Childhood Overweight or Obesity Associated with Excessive Weight Gain During Pregnancy: A Meta-Analysis," *Archives of Gynecology and Obstetrics* 289, no. 2 (2014): 247-257.
7. 美國資料來源由澳大利亞西部醫療機構君達樂醫院（Joondalup Health Campus）的「ORIGINS」研究計畫總監黛絲絲瑞‧席爾瓦教授（Desiree Silva）提供。
8. Submission 10 to Senate Select Enquiry into the Obesity Epidemic in Australia, July 2018.
9. Walk Economy, *The Place Report* (2016), 7.
10. Garrett Hardin, "The Tragedy of the Commons," *Science* (December 13, 1968).
11. Elinor Ostrom, *Governing the Commons* (Cambridge University Press, 1990).
12. 查克‧庫克與本書作者查爾斯‧康恩在 2017 年 8 月 10 至月間的交談。
13. Mark Tercek and Jonathan Adams, *Nature's Fourtune* (Island Press, 2015).
14. Morro Bay Commercial Fisheries. *2015 Economic Impact Report Working Waterfront Edition*.
15. Morro Bay Commercial Fisheries. *2015 Economic Impact Report Working Waterfront Edition*.

國家圖書館出版品預行編目（CIP）資料

麥肯錫最強問題解決法／查爾斯·康恩（Charles Conn），羅伯·麥連恩（Robert McLean）著；李芳齡譯. -- 初版. -- 臺北市：城邦文化事業股份有限公司商業周刊，2023.05
　　面；　公分
譯自：Bulletproof problem solving：the one skill that changes everything

ISBN 978-626-7252-41-3（平裝）

1.CST: 問題導向學習 2.CST: 學習方法
3.CST: 決策管理

521.422   112002665

麥肯錫最強問題解決法

作者	查爾斯‧康恩、羅伯‧麥連恩
譯者	李芳齡
商周集團執行長	郭奕伶
商業周刊出版部	
總監	林雲
責任編輯	盧珮如
封面設計	萬勝安
內文排版	吳巧蕙
出版發行	城邦文化事業股份有限公司 - 商業周刊
地址	115020 台北市南港區昆陽街 16 號 6 樓
	電話：（02）2505-6789　　傳真：（02）2503-6399
讀者服務專線	（02）2510-8888
商周集團網站服務信箱	mailbox@bwnet.com.tw
劃撥帳號	50003033
戶名	英屬蓋曼群島商家庭傳媒股份有限公司城邦分公司
網站	www.businessweekly.com.tw
香港發行所	城邦（香港）出版集團有限公司
	香港灣仔駱克道 193 號東超商業中心 1 樓
	電話：（852）2508-623　　傳真：（852）2578-9337
	E-mail：hkcite@biznetvigator.com
製版印刷	中原造像股份有限公司
總經銷	聯合發行股份有限公司
電話	（02）2917-8022
初版 1 刷	2023 年 5 月
初版 6 刷	2024 年 8 月
定價	450 元
ISBN	9786267252413（平裝）
EISBN	9786267252390（PDF）／ 9786267252406（EPUB）

Bulletproof Problem Solving: The One Skill That Changes Everything
By Charles Conn and Robert McLean
Copyright © 2023 by Charles Conn and Robert McLean.
The copyright the translation in the mane of: Business Weekly, a Division of Cite Publishing Ltd.
All Rights Reserved.
This translation published under license with the original publisher John Wiley & Sons, Inc.

藍學堂

學習・奇趣・輕鬆讀